PRIX : 4 Francs.

Fr. FOULON

MEMBRE
DE
L'ASSEMBLÉE WALLONNE

L^a Question Wallonne

« Rien n'est plus intimement uni à un
peuple que sa langue.... Ce n'est pas
seulement l'instrument de sa pensée,
c'en est le fond. »

ALEXANDRE VINET.

1918

BRUXELLES
DES PRESSES DE A. LEEMPOEL
Rue de Danemark

La Question Wallonne

PRÉFACE

Des idées que j'ai exposées sur le même sujet avant la guerre, ni les évènements, ni les circonstances, ni personne, ne m'ont obligé à modifier quoi que ce soit dans le présent travail.

Simplement ce que j'ai craint — et prédit — est arrivé.

J'ai néanmoins la conviction que, par l'accord de toutes les bonnes volontés et la claire perception de ses devoirs, la Wallonie peut sortir regénérée de l'affreuse crise actuelle.

F. F.

Fr. FOULON

MEMBRE
DE
L'ASSEMBLÉE WALLONNE

L^a Question Wallonne

« Rien n'est plus intimement uni à un peuple que sa langue... Ce n'est pas seulement l'instrument de sa pensée, c'en est le fond. »

ALEXANDRE VINET.

PRIX : **4 Francs**

1918

BRUXELLES

DES PRESSES DE A. LEEMPOEL

5, Rue de Danemark.

Tous droits réservés

Belgique Flamande
et
Belgique Wallonne.

N. B. — La frontière des langues en Belgique suit fidèlement une ligne médiane qui traverse le royaume de l'Est à l'Ouest, et laisse au Nord, cinq provinces de langue flamande ; au Sud, quatre provinces de langue française, (le Brabant wallon étant incorporé au Hainaut ou à Namur).

INTRODUCTION

—:—

Le Binôme Belge

Ce n'est que depuis la guerre que l'opinion publique européenne passionnément intéressée aux choses de Belgique, s'est rendu compte que ce pays est composé de deux races opposées l'une à l'autre. La limite ethnographique de la Gaule et de la Germanie traverse la Belgique de part en part de l'Est à l'Ouest, et la coupe en deux fractions presque égales.

Dans la région wallonne tout le monde parle français, et le peuple fait usage d'un dialecte dérivé, comme dans la plupart des pays du monde, de la langue principale : le wallon dans les territoires de l'ancienne principauté de Liége, le picard dans le Hainaut, et dans cette partie de l'ancienne Basse-Lotharingie appelée encore le roman pays de Brabant. Il en résulte que la Wallonie, proprement dite, se limite aux provinces de Liége. de Luxembourg et de Namur. Mais on a, peu à peu, étendu ce nom à la région française, de sorte qu'il s'applique aujourd'hui à toute la Belgique latine.

« Le wallon, dit M. Wilmotte, est un dialecte dont les limites conventionnelles, admises par la science, englobent trois provinces (Liége, Luxembourg et Namur) et une portion des deux autres provinces (Hainaut et Brabant). Les arrondissements judiciaires de Mons et de Tournai parlent une variété du picard, dialecte qui s'étend, au Sud et au Sud-Ouest, fort avant dans la région française. » Il est à remarquer que l'aire de ce dialecte picard remonte jusqu'aux portes de Bruxelles englobant le territoire du Brabant dénommé, pour cette raison, le « Roman Pays ».

Bref, dans une acception plus générale et plus répandue, le Wallon est, sur les confins septentrionaux de la Gaule, le Francs romanisé par opposition au Franc que le rouleau romain a négligé, n'a pu atteindre ou a insuffisamment touché.

Dans la région flamande les gens du peuple se servent, entre eux, d'un sous-dialecte d'origine germanique : le flamand. Ce dialecte, comme tous les parlers locaux, varie plus ou moins de ville à ville, de village à village.

Philologiquement, ce dialecte se rattache au néerlandais.

Au moment où éclata la guerre de 1914, les désaccords entre les deux races, longtemps expectatifs et latents, étaient entrés dans une phase critique, et la Belgique, de l'avis de tous ceux qui étaient au courant de cette agitation intérieure, se trouvait à la veille d'un bouleversement profond. L'historien a pu s'en étonner. Il sait que sous des régimes divers et malchanceux, les populations qui habitent ces territoires ont vécu côte à côte pendant des siècles sans que les divergences de races, de langue et de mœurs qu'elles ont accusées de tout temps, aient abouti à l'existence d'un conflit permanent capable de troubler la paix du monde. La question belge, depuis que Charles-Quint avait fait des pays de « par-deçà » la base de sa politique d'hégémonie européenne, fut exclusivement une question stratégique, et non, comme l'imbroglio macédonien ou le problème polonais, une affaire de nationalités. C'est cette préoccupation stratégique qui a dominé tous les règlements que l'Europe a du prendre successivement pour déterminer le sort de ces territoires si souvent ballottés. Elle apparaît dans le traité de Munster, dans le système de la Barrière, dans la création du royaume des Pays-Bas, aussi bien que dans l'établissement de la monarchie léopoldienne de 1830. Le Congrès de Vienne, en donnant ces provinces en accroissement de territoire à la Hollande, s'imaginait assurément qu'elles formaient un bloc uniforme, de même que la Conférence de

Londres, en les détachant du royaume des Pays-Bas pour en faire un Etat *intérieurement* indépendant, n'a pu douter un instant de sa contexture homogène. D'où vient donc qu'aujourd'hui l'Europe se trouve en Belgique devant un redoutable conflit de langues et de races qui, au milieu des multiples questions que la diplomatie aura à résoudre pour asséoir définitivement l'œuvre de la paix future, ne peut être laissé sans solution, à moins de risquer un jour de compromettre cette œuvre tout entière ? D'où vient que des populations qui, il y a un siècle à peine, ne manifestaient entre elles aucune animosité, aucun désaccord, en sont arrivées aujourd'hui à vouloir se libérer l'une de l'autre ? D'où vient, en un mot, que Flandre et Wallonie plaident en ce moment en divorce devant le tribunal de l'opinion publique universelle ?...

Il n'est pas exact d'abord que ces animosités raciques n'ont pas éclaté au cours de l'histoire. Si on ne les aperçoit pas, c'est qu'on ne remonte pas assez haut. Chaque fois que les populations se sont trouvées en contact direct, leurs incompatibilités se sont aussitôt révélées. Déjà au Moyen-Age, quand Flamands de Flandre et Wallons du Hainaut se trouvent placés sous un même sceptre par des mariages princiers où le hasard des successions au trône, le drame de leurs haines incoercibles domine toute la scène politique. C'est le cas pour Richilde, héritière légitime des deux comtés, qui se voit repoussée par les Flamands qui lui préfèrent un usurpateur, Robert le Frison. Et c'est une longue lutte qui ravage le Hainaut de fond en comble. C'est le cas encore sous les d'Avesnes et les Dampierres qui, pendant près de deux siècles, mettent les deux peuples en lutte ouverte. Les ducs de Bourgogne, qui viendront agglomérer ces territoires pour essayer de réaliser leur rêve inconsistant et téméraire d'une Lotharingie nouvelle, se serviront de ces ressentiments par application du vieux principe *divide ut imperes*. Ils lancent les Wallons contre les Flamands, les Flamands contre les Wallons.

Plus tard, les rois d'Espagne et les empereurs d'Autriche

recueilleront ces pays par héritage. Ils confondront sur leurs têtes les droits de seigneurie et de souveraineté. Mais ils laissent subsister les comtés et les duchés quant à leur vie intérieure, se contentant de les assujettir aux fins politiques de l'empire. Ainsi, ils évitent toute occasion à l'antinomie des races de se manifester et d'entrer en opposition. Flamands et Wallons n'ont d'autres liens entre eux que ceux de l'administration centrale, espagnole ou autrichienne, exercée par des gouverneurs généraux. Les intérêts particuliers sont saufs. Les règlements sur l'usage des langues et la collation des emplois publics qui ne sont pas d'ordre régalien, sont laissés à l'initiative des provinces. C'est l'union, non l'unité. Les populations restent étrangères les unes aux autres, mais les causes de conflit ont disparu. C'était, si l'on veut, une sorte de fédéralisme, plus apparent que réel, parce que le lien n'en était pas la volonté nationale, mais un intérêt étranger, bourguignon d'abord, puis espagnol et autrichien. Mais à l'abri de ce fantôme de fédéralisme, et grâce à lui, les deux races conservent leur personnalité, tandis que leurs rivalités s'assoupissent.

Elles se réveillent après que le Congrès de Vienne eut conjoint la Belgique avec la Hollande. La Révolution française avait incorporé les anciens pays de « par-deçà », c'est-à-dire cette ancienne portion des domaines des ducs de Bourgogne qui échut à l'Espagne et que, par une sorte de synecdoque, on désignait communément sous le nom de Flandre, quoiqu'elle comprît de compactes agglomérations wallonnes. Elle y adjoignit la p incipauté de Liége qui avait eu jusque-là sa vie propre, sans aucune espèce de rapport politique avec le reste des Pays-Bas. A l'ensemble des territoires ainsi englobés et incorporés, on donna le nom de Belgique, nom nouveau désignant une chose nouvelle. C'est ce bloc que le Congrès de Vienne remit en 1815 à la Hollande, sans s'inquiéter de la composition hétérogène des populations ainsi agglutinées.

Au bout de quinze ans, le déchirement se produisit. Il était l'œuvre des Wallons à qui répugnait l'amalgame avec les

Hollandais. On eut dû se souvenir que déjà au XVIe siècle, ils avaient séparé leur cause de celle des Provinces-Unies, et avaient tout préféré à la suprématie orangiste. A cette époque lointaine, les Flamands, chez qui le protestantisme avait d'abord fait de grands progrès, s'arrachèrent à regret à la cause de leurs frères du Nord. Mais profondément catholicisés, depuis, par le fer et le feu de l'inquisition espagnole, ils se joignirent en 1830 aux Wallons, mus uniquement par des griefs religieux. Par haine de l'hérésie, la Flandre catholique se jeta cette fois dans les bras des Wallons que guidaient cependant de tout autres mobiles. A ce spectacle, l'Europe, dans sa terreur de voir s'écrouler l'équilibre si laborieusement échafaudé par les traités de 1815, pressée de prévenir les Wallons qui criaient bien haut qu'ils voulaient l'annexion à la France, s'empressa d'intervenir. De nouveau elle recourut à sa vieille recette, comme si elle n'en possédait pas d'autre. Sans discerner entre les causes et les raisons, semblables quant aux apparences, mais si divergentes quant au fond, qui impulsaient et les uns et les autres, elle conjoignit les Flamands avec les Wallons et créa la monarchie léopoldienne.

Les Wallons avaient fait la Révolution. Cette monarchie, sinon par l'intention, tout au moins par le fait accompli, ils la considéraient comme leur œuvre. Pour la consolider, ils jugeaient indispensable de l'unifier. A ce moment, après une période séculaire de passivité et d'assoupissement, la Flandre était moralement bien déchue. Sa langue que, par crainte de la propagande calviniste, elle n'avait pas voulu identifier avec le néerlandais, n'était qu'un patois informe, impropre à toute culture. Les Wallons n'eurent d'autre ressource que de faire de la langue française l'instrument de l'unité belge.

Mais bientôt, en Flandre, de nouveaux scrupules religieux s'élevèrent. Le calvinisme n'était plus à craindre. Il était relégué aux frontières, où l'on faisait bonne garde. Un autre péril menaçait maintenant le clergé flamand et ses ouailles. Le français était la langue de la philosophie, du libéralisme et de la libre-pensée. Le sourire de Voltaire se levait sur la Flandre dévote et affolait ses pasteurs. D'autre part, une jeune élite intellectuelle qui s'était formée sur les bancs des écoles hollandaises, avait eu le temps de prendre conscience de sa race. Peu nombreuse encore, mais résolue, elle se jetait dans la lice. Le parti catholique, qui tirait sa principale force des Flandres, crut trouver là des appuis solides pour réduire l'influence libérale et wallonne. Le ministre De Decker entreprit de fixer la langue flamande, d'en faire un idiome cultivé, propre à la littérature et à l'administration, et de l'élever au rang de langue nationale que le français seul occupait jusqu'ici. Ainsi, le binôme belge se constituait. La querelle des langues prenait naissance. Le flamand se dressait en face du français, et la discorde des races qui avait désolé au Moyen-Age le Hainaut et la Flandre, ressuscitait en quelque sorte automatiquement par suite du contact direct dans la nouvelle monarchie belge.

A partir de ce moment, l'influence wallonne est en recul. La guerre de 1870 qui survient ensuite, lui porte un coup fatal. Elle vaut à la propagande flamande un réconfort inattendu et une activité nouvelle (1). Le Mouvement flamand jusqu'alors confiné dans le domaine des lexiques et des grammaires, entre dans une phase politique et s'impose aux associations électorales. En même temps, il étend son action intellectuelle et littéraire par une vaste floraison d'œuvres d'éducation populaire qui rayonne jusque dans les moindres villages. Sous cette poussée, le flamand entre victorieusement dans les administrations de l'Etat, des provinces et des municipalités. Le gouvernement et les Chambres sont obligés d'abandonner lambeau par lambeau leur ancien idéal de 1830. Les lois étendant les prérogatives de la langue flamande et restreignant le champ d'action du français se multiplient à chaque session. Une dernière fois, de 1878 à 1884, l'élément wallon parvient à prédominer dans les Conseils de la Couronne, puis c'en est

---

(1) La première loi favorisant la langue flamande date de 1873.

fini pour jamais. En 1870, la Chambre belge comptait 58 députés flamands et 53 députés wallons, soit un écart de 4 1/2 pour cent en faveur des premiers. En 1912, cet écart s'élevait à 10 pour cent (88 députés flamands contre 72 wallons). Malgré cette infériorité numérique, les Wallons furent pendant de longues années à la direction des affaires, grâce à l'appui qu'ils trouvaient auprès des députés de Bruxelles. Mais, sous la poussée adverse, Bruxelles se détacha peu à peu et fit défection. Lors du vote de la dernière des lois flamingantes, en mai 1913, 20 députés bruxellois sur 26 abandonnèrent les Wallons pour se rallier à leurs ennemis. Le parti « flamingant » devenait chaque jour plus puissant et plus audacieux, et un de ses chefs, exposant en 1911, son programme devant une assemblée composée en grande partie de ses adversaires, pouvait dire : « Je ne demande rien : j'exige. Nous, Flamands, nous sommes bien tranquilles ; nous sommes la majorité. Nous avons ce que vous n'avez pas : un but ; nous sommes ce que vous n'êtes pas : des fanatiques. »

—

Prolégomènes historiques

—

Les pays " d'Embas et de Bourgogne ,,

Les provinces que la Conférence de Londres groupa en 1830 en un royaume indépendant, étaient occupées, depuis les premiers temps de l'Histoire, par des populations fort différentes de mœurs, de langage et de sentiments. Ni la nature, ni leur volonté, ni la logique de leur destinée ne les avaient jamais, à aucun moment, appelées à une vie commune. Les combinaisons arbitriares de la politique et de la diplomatie seules en firent un agglomérat. Elles étaient situées à l'extrême marge de l'ancienne Gaule, et la frontière des langues les partageait en deux parties presque égales. César y avait rencontré des tribus, les unes franchement celtiques, comme les Nerviens et les Eburons, les autres d'origine germanique, comme les Taxandres, les Attuatiques et les Ménapiens. L'ancien diocèse de Cambrai qui s'étendait jadis jusqu'au Rupel, s'adaptait exactement, d'après l'historien flamand Des Roches, au territoire des Nerviens. Ambiorix, chef des Eburons, répondit aux envoyés de Titurius, qui lui demandaient pourquoi il avait prêté assistance à Vercingétorix bloqué dans Alise, que des Gaulois ne pouvaient faillir d'apporter secours à d'autres Gaulois. Plus tard, Charlemagne, en transportant des tribus saxonnes en Taxandrie et dans les pays compris entre l'Escaut et la mer, contribua à y assurer la prédominance de l'élément germanique. De même César, en compensant l'extermination partielle des peuplades méridionales par des colonies tirées de la Picardie et de la Champagne, conserva aux autres leur caractère gaulois (1). Ajoutez qu'un obstacle naturel, la Forêt Charbonnière, qui s'étendait de l'Est à l'Ouest du pays, assurait l'étanchéité respective de ces deux régions. Et vous aurez une explication du phénomène extraordinaire qui, sur des territoires que rien, à première vue, ne distingue l'un de l'autre, a maintenu pendant des siècles la frontière des langues et des races, permanente, inflexible et immuable, en dépit des régimes les plus divers et les plus compressifs.

Chose étrange, alors que, dans cette région, les fleuves et les rivières coulent du Sud au Nord et que la plaine y règne sans partage, la frontière linguistique s'allonge de l'Est à l'Ouest. Les deux peuples y occupent encore les positions qu'ils avaient sous les Romains. Aucun n'a cédé devant l'autre, aucun ne s'est laissé absorber. Le recensement général de 1900 a fait constater que 80 pour cent de la population belge ne connaissent qu'une langue : 38 pour cent ne parlent que le français ; 42 pour cent s'expriment exclusivement en flamand. Depuis les temps historiques, les deux races se juxtaposent sans jamais se confondre. C'est à peine si, aujourd'hui encore, après dix siècles de vie commune imposée par les fatalités de la guerre et de la politique, on trouve un Belge sur cinq qui ait une connaissance égale des deux langues et qui les manie avec une aisance réciproque. Et ce cinquième Belge, vous ne le rencontrerez que dans les régions flamandes où l'insuffisance, plus supposée d'ailleurs que réelle, de la langue maternelle, oblige trop souvent à avoir recours à un idiome étranger. Quant à la Wallonie, incoerciblement rebelle à l'étude du flamand, c'est à peine si on y recense actuellement 5 p. c. de bilingues. Ce sont pour la plupart des fonctionnaires

____

(1) Raepsaet, *Origine des Belges*, p. 116.

d'origine flamande, qui viennent y occuper des places qu'ils enlèvent aux Wallons.

La fatalité des régimes politiques que ces populations n'ont cessé de subir depuis le démembrement de l'empire des Carlovingiens, a toujours méconnu la nature et la logique. On dirait que, par une obstination dont il est peu d'exemples, les événements ont conspiré sans relâche pour étouffer le caractère propre de ces peuples, détruire leurs affinités originelles, violenter leur personnalité, briser les attaches de leur esprit et les liens de leur sang. Le traité de Verdun ouvre la longue série des iniquités. Il partage le pays à rebours des réalités ethnographiques. Il trace une frontière médiane qui court du Nord au Sud, alors que la limite séparative des races va de l'Est à l'Ouest. Il en résulte que la plus grosse part de la portion germanique échoit aux rois Francs, tandis que presque toute la totalité de la partie romane est dévolue aux souverains de Germanie. De cette première injustice ont procédé toutes les autres. Vingt fois depuis lors, les frontières ont été remaniées. Quels que furent les bouleversements ultérieurs, jamais plus on ne s'est inquiété de les faire coïncider avec la distribution naturelle des langues et des races. C'est miracle, vraiment, qu'après une si longue série d'adversités, de compressions et de servitudes, les deux nations aient pu conserver intacts les caractères essentiels et les vertus primitives de leur origine. Rien ne prouve davantage leur vitalité et leur fidélité à elles-mêmes que cette constance inébranlable qui a résisté à toutes les épreuves.

La féodalité morcèle le pays en une infinité de petites principautés qu'anime un large souffle de liberté. Elles sont aussi étrangères l'une à l'autre que peuvent l'être des nations différentes d'idiome et de mœurs. Le hasard des mariages et des successions peut bien réunir parfois et tout accidentellement deux souverainetés sur une même tête. Mais aussitôt l'opposition irréductible des races éclate, et ce sont des guerres sanglantes, comme sous Richilde et sous les Dampierres. A leur légitime

seigneur, un prince wallon, fils de Richilde, les Flamands préfèrent un usurpateur qu'ils font venir de Hollande. Aux princes
flamands de la famille des Dampierres qui recueille un instant
les deux héritages, les Wallons, impatients de secouer un joug
qu'ils abhorrent, opposent un des leurs, Jean d'Avesnes. L'an-
tipathie incoërcible des races se manifeste au moindre contact.
Dès cette époque, les vieux chroniqueurs parlent des Flamands
et des Wallons qui « par nature, se haïssent et se détestent ».
Des contes, des apologues, comme celui des couleuvres wallonnes et flamandes qui s'exterminèrent dans les bois de
Flobecq, cité par d'Oudegherst, symbolisent et entretiennent les
ressentiments. C'est l'heure où, pour la première fois, malgré
les disparités et les jalousies du régime féodal, la solidarité
wallonne s'affirme et se cherche, lorsque le Hainaut, vaincu par
les Flamands, après la fatale journée de Bavinchove, fait
appel aux Liégeois et s'inféode au Prince-Evêque (1).

Les ducs de Bourgogne sont les premiers qui aient essayé
de fusionner ces territoires. S'appuyant sur les Flamands dont
ils sont les légitimes seigneurs par la descendance de Louis de
Male, ils s'approprient successivement les principautés voisines, tantôt par l'intrigue, tantôt par la violence et la spoliation. Philippe-le-Bon s'empare du Hainaut en dépouillant la
comtesse Jacqueline ; il élève des prétentions sur le Luxembourg du chef d'un testament surpris à sa tante ; le Brabant
tombe entre ses mains en privant de leur part de succession
ses cousins les comtes d'Etampes et de Nevers. On connaît le
traitement effroyable que lui et son fils firent subir aux
Liégeois et aux Dinantais. Ainsi fut réalisé le premier amalgame
par des condottieri qui n'avaient pour guide que leur ambition
et non l'intérêt, la volonté et le sentiment des peuples. Ils

---

(1) Les luttes de races entre Flamands et aux Wallons au moyen-âge ont
été pittoresquement décrites par un écrivain d'origine flamande et d'opinion
catholique, le député Coomans aîné, dans un ouvrage ayant pour titre :
Richilde ou Episodes de l'histoire de la Flandre au XIe Siècle.

se servirent sans vergogne des antipathies des races pour les subjuguer l'une par l'autre, lançant les Wallons contre les Brugeois et les Gantois, et jetant les Flamands sur le pays de Liége et le Tournaisis.

Les ducs de Bourgogne avaient repris pour leur compte la conception artificielle et boiteuse d'une nouvelle Lotharingie, d'un Etat intermédiaire entre la Gaule et la Germanie. Conception mort-née, sans bases sérieuses, outrageant à la fois la nature et la logique de l'histoire. Pour qu'un tel Etat fut viable, il eut fallu qu'il se limitât à une race intermédiaire entre les Gaulois et les Germains, et non pas y englober des peuples tenant des uns ou des autres par le sang et la langue. Assurément les ducs de Bourgogne ne songèrent pas un instant à créer cette race de toutes pièces pour les besoins de la cause, comme disent les juristes. Ils réservaient une telle entreprise à des gens encore plus fous qu'eux. Dans ces conditions, la conception d'un Etat sans nationalité propre, sans homogénéité, n'était qu'un rêve creux. Elle vouait à un sort injuste et périlleux les provinces qu'elle arrachait à leur milieu naturel et à leur destinée historique. Elle faisait d'elles la terre élue de la discorde et de la dispute, l'exutoire intarissable des haines réciproques qui devaient y affluer de toutes parts, comme l'eau accourt et se répand au delta de leurs fleuves.

Le seul résultat de cette politique aventureuse et paradoxale, pour les petites principautés flamandes et wallonnes qu'elle écarta pour des siècles de leurs destinées naturelles et logiques, fut de les réduire malgré elles en une masse disparate et hétérogène, et d'en faire, selon le mot de M. J. B. Nothomb, l'accessoire d'autres Etats. Le mariage de la fille de Charles le Téméraire avec Maximilien le Habsbourgeois, imposé par les Flamands, mais qu'ils furent les premiers à regretter dans la suite, livra les Pays-Bas à l'Espagne. Ainsi se vérifia le mot de Comines : « Rien n'est plus dangereux que de marier des princesses d'un petit Etat à des princes puissants, parce

que ces derniers finissent toujours par faire du petit Etat
un accroissement de leur couronne. »

A partir de ce moment, ces petites principautés ne sont plus
gouvernées par elles-mêmes, mais pour les fins propres d'une
grande monarchie qui, confinée jusque-là derrière les Pyrénées,
pourra, grâce à leur possession, aspirer à jouer un rôle européen. Pour l'Espagne, ces territoires si divers entre eux ne
sont plus qu'un bloc qu'elle appelle « les pays de par-deçà ».
Sans leur possession, jamais Charles-Quint n'aurait osé aspirer
à l'Empire, ni, encore moins, dresser et poursuivre son plan
de domination universelle. Les Pays-Bas étaient indispensables
au système de compression de l'Espagne menaçant, à la fois
l'Allemagne et la France. C'est la politique de Charles-Quint
qui a fait de la Wallonie l'arène sanglante où, pendant trois
siècles, l'Europe viendra vider ses querelles. L'Espagne, on
le conçoit, ne reculera devant aucun sacrifice, devant aucune
violence pour y maintenir sa domination qui est le fondement
même de sa puissance. Les malheureuses populations flamandes
et wallonnes connaîtront à leur détriment le prix qu'elle atta-
che à leur possession. Au besoin, elle se consolera de la perte
des provinces du Nord que la Réforme lui aura bientôt arra-
chées, mais les provinces méridionales sont nécessaires à sa
politique, parce que sans elles, son ambition ne saurait plus où
se prendre, ni où s'accrocher. Elle les transforme en glacis, elle
les remplit de troupes, elle y accumule des armes et des muni-
tions ; elle en fait un arsenal formidable d'où à tout instant
l'Europe craindra de voir partir la foudre.

Nul mieux que Marnix de Sainte-Aldegonde n'a démêlé cet
intérêt immense et égoïste qu'avait l'Espagne à sa domination
sur les Pays-Bas. Il est intéressant de relire ce qu'il en disait
dans le discours qu'il prononça à la Diète de Worms, au nom
des ambassadeurs du prince Mathias : « Dès le temps que les
Pays-Bas furent, par alliance de mariage, conjoints avec les
Espagnols, ceux-ci ont toujours machiné, même après la mort
de Charles-Quint, et déclaré ouvertement qu'ils voulaient tenir

tout le pays pour siège de guerre, et le destiner et assigner pour y entretenir une ordinaire et perpétuelle garnison d'Espagnols, auxquels ils pourraient, à bref délai, adjoindre le nombre de vingt mille Wallons, vaillants soldats, avec laquelle troupe étant assemblée la cavalerie des bandes d'ordonnance qui est ordinairement entretenue, ils eussent en l'espace de trois jours fait une très grosse et très puissante armée par la puissance de laquelle ils eussent non seulement pu tenir en bride tous leurs voisins, mais aussi *les surprendre et les accabler à l'improviste, voire les asservir à leur joug si bon leur eut semblé.* »

Politique de provocation et de menace qui, même en temps de paix, est pour ces territoires une cause permanente d'exactions, d'humiliations et de misères ; pour l'Europe entière une source intarissable d'inquiétudes, de malaises et de troubles. Politique criminelle qui, en temps de guerre, appelle sur ces populations des maux sans nombre, et les sacrifie d'avance à des ambitions qui leur sont complètement étrangères. Ainsi se démasque pour la première fois, le rôle assigné à cet agglomérat wallo-flamand, rôle exclusivement militaire, qui est de fournir une base d'opération et un champ d'évolution aux armées belligérantes, au mépris de la volonté, de la liberté et des sympathies naturelles des deux peuples qui y habitent. Ce rôle, ils le continueront jusqu'à nos jours. Comme des bêtes accouplées, Mars les a enchaînées à son char, et il les mènera labourer pendant des siècles l'odieux sillon de la guerre...

Dès les premières années du règne de Charles-Quint, Flandre et Wallonie ne sont plus que des instruments de l'ambition espagnole. Leurs libertés, leurs privilèges, leurs vieilles coutumes sont sacrifiées au plan général de la monarchie. Déjà, les comtés et les duchés sont descendus, entre les mains des rois d'Espagne, au rang de simples héritages, à l'égal d'une ferme ou d'un château. Cela ne suffit pas. Charles-Quint bouleverse les lois de l'hérédité pour empêcher la dispersion de ces héritages qui serait funeste à l'Espagne. Par sa Pragmatique de 1549, il destitue l'héritier légitime des comtes et des ducs du droit de recueillir ces domaines, suivant les règles établies par les coutumes particulières. Ce droit n'appartiendra désormais qu'au successeur des rois d'Espagne, tel qu'il est désigné par la loi espagnole. Les coutumes particulières en effet, par le jeu de la nature, auraient bientôt démembré à nouveau ces territoires, dont l'union ne pouvait jamais être que fortuite et temporaire. Les lois successorales variaient de comté à duché. Ici les filles étaient admises à succéder par droit de dévolution, ailleurs elles étaient exclues formellement. La loi de Charles-Quint y met bon ordre. C'est à cette loi que plus tard Louis XIV viendra se heurter, lorsqu'il voudra faire prévaloir les droits de sa femme, Marie-Thérèse. Il est vrai que les rois d'Espagne se faisaient inaugurer à Mons, à Bruges, à Bruxelles, en qualité de comte de Hainaut, comte de Flandre, duc de Brabant, et prêtaient serment entre les mains des Etats. Mais ce n'était là qu'une vaine cérémonie. Les Etats n'avaient pas à juger la qualité ou la légitimité de l'héritier, ni à le choisir, ni même à le désigner. Ils étaient seulement requis d'avoir à le reconnaître. A l'inauguration de Philippe II, les Etats poussèrent même la condescendance jusqu'à remercier le roi « d'avoir voulu les recevoir pour ses sujets ». (1)

Il se comprend que l'Espagne, en vue d'empêcher le démembrement des Pays-Bas, ait exigé que ces provinces fussent toujours « gouvernées par un même prince et tenues en une masse ». (2) La politique européenne de la monarchie le voulait ainsi. L'Autriche qui recueillit plus tard ces pays, non pas par voie de succession, comme on l'a dit, mais par l'effet d'une cession ou aliénation en vertu des traités de Rastadt, de Bade, de Ryswick et d'Anvers, les considéra à son tour comme un domaine « indivisible et incommutable ». Le pays

---

(1) WAGENAAR. *Vaderlandsche Historie*, D. V. p. 434.
(2) Pragmatique de Charles-Quint de 1549.

était administré par des gouverneurs généraux, investis de pouvoirs presque royaux, qui rendaient des ordonnances ayant partout force de loi, et gouvernaient le pays au nom du roi de Madrid ou de l'empereur de Vienne.

Ainsi, ce qu'on a appelé l'unité des provinces belgiques ne fut point la conséquence du vœu des populations. Ce fut un fait de violence imposé par la domination étrangère, dans un intérêt politique fort différent de l'intérêt particulier de ces provinces, et presque toujours en contradiction avec leur destinée logique et naturelle. L'Espagne le comprit si bien que, pour calmer l'opposition qui ne cessait d'agiter ces provinces, elle leur donna la comédie d'une prétendue indépendance sous Albert et Isabelle.

Pour cela, elle dut commencer par violer elle-même la pragmatique de Charles-Quint, car les archiducs n'étaient ni les héritiers légitimes du trône, ni les droituriers seigneurs du pays. On pouvait croire qu'après que l'Espagne eut ainsi enfreint l'ordre établi par elle-même, les lois successorales de la nation eussent été dorénavant respectées. L'Espagne n'en tint aucun compte, en exigeant à la mort de l'infante le retour de ces domaines à la couronne, sans s'arrêter aux droits que faisait valoir la princesse de Savoie, sœur d'Isabelle.

En réalité, personne ne fut dupe de ce stratagème. Les Pays d'Embas et de Bourgogne, comme on les avait appelés dans l'acte de cession aux archiducs, ne cessèrent pas un instant d'être gouvernés de l'Escurial, d'après des vues et des intérêts purement espagnols, comme ils le furent plus tard de Vienne, selon une politique exclusivement autrichienne.

L'Autriche, il est vrai, ne pratiquait pas la même politique que l'Espagne. Le Habsbourg de Vienne reçut ce cadeau un peu à son corps défendant, et ne s'en montrait que médiocrement enthousiaste. Peut-être, l'aurait-il même refusé, à raison des difficultés de l'administrer de loin et d'y maintenir l'ordre tandis qu'il était fort occupé ailleurs. Mais la politique de l'Espagne, trop faible décidément pour continuer le jeu de

Charles-Quint, avait été reprise par l'Angleterre qui avait un intérêt majeur à avoir un pied sur le continent. On débarrassa donc gracieusement l'Autriche du soin d'occuper militairement les Pays-Bas, et la Grande-Bretagne et les Provinces-Unies s'en chargèrent, tout en laissant à l'Autriche la possession et la jouissance du pays. C'est ce qu'on a appelé le système de la Barrière.

Voltaire nous a conté cette histoire : « Le duc de Marlborough, plus maître que sa souveraine en Angleterre, fit conclure avec les États-Généraux, ce célèbre traité de la Barrière par lequel ils resteraient maîtres de toutes les villes frontières qu'on prendrait sur la France, auraient garnison dans quinze places de la Flandre aux dépens du pays, dans Huy, dans Liége et dans Bonn, et auraient en toute souveraineté la Haute-Gueldre. » (1)

Mercenaires anglais, écossais et hollandais tinrent donc, en vertu de ce système, garnison dans les Pays-Bas. Ceci amena cette situation paradoxale que les populations belges, connues de longue date par leur catholicisme fervent et étroit, soumises à une Puissance catholique, l'Autriche, eurent à héberger pendant plusieurs générations, des soldats hérétiques dont les pratiques scandalisaient la dévotion des habitants. Les régiments de la Barrière, sans distinction d'uniforme ou de drapeau, sentaient la vache à Colas. Le clergé se lamentait en voyant les villes fourmiller de soldats chanteurs de psaumes ; il s'effrayait du nombre croissant de jeunes filles bourgeoises qui épousaient ces guerriers mécréants ; il s'indignait en voyant dans la plupart des garnisons, les gouverneurs entretenir autour d'eux un état-major de prédicants.

Aussi la Barrière fut-elle surtout profit pour le diable. Quant à son action politique et militaire, elle fut quasiment nulle. Elle n'empêcha pas le roi de France d'annexer Douai, Condé, Maubeuge, Lille et Valenciennes, ni de faire son entrée

____

(1) *Négociations relatives à la succession d'Espagne.*

solennelle à Bruxelles, après la journée de Fontenoy. Elle
humiliait l'Autriche, parce que les soldats étrangers qui ne
relevaient que de leurs officiers et ne connaissaient que leur
souverain propre, apprenaient aux populations « à parler de
l'Empereur avec autant de mépris que d'un simple tambour ». (1)

Pour se dégager d'une situation qui blessait sa fierté et
écornait son prestige, l'Autriche essaya plus d'une fois de
troquer les Pays-Bas contre des accroissements de territoire
tantôt en Bavière, tantôt en Italie. L'offre en fut toujours
repoussée. On a pu s'étonner que des souverains réputés justes
et éclairés, comme Marie-Thérèse et Joseph II, se proposaient
de disposer aussi allègrement des destinées d'une nation. Mais,
à la vérité, l'Europe n'a jamais considéré sérieusement l'amalgame wallo-flamand comme une nation, mais bien comme une
sorte de fief militaire, dont un intérêt stratégique seul justi-
fiait la composition hétérogène. L'Espagne, en le reprenant à
la mort d'Isabelle, avait agi avec ce pays, comme le Sultan en
agissait avec ses timariots. L'Autriche ne devait guère se montrer beaucoup plus scrupuleuse, d'autant plus que les Puissances
maritimes, c'est-à-dire l'Angleterre et la Hollande, soutenaient
qu'elle n'avait reçu ces provinces qu'à titre de dépôt (2).
Pouvait-on mieux reconnaître le caractère artificiel, précaire
et provisoire de cet assemblage qui n'a jamais été en somme
qu'un expédient ?

Pour comble d'infortune, Flamands et Wallons étaient
chargés de faire les frais de cet appareil militaire, sous la
forme d'une rente de 1,250,000 florins servie aux Etats-
Généraux de Hollande. La complaisance des Belges valait
encore d'autres aubaines aux Hollandais, comme le maintien du
blocus de l'Escaut, ce qui ruinait Anvers au profit des ports
du Nord. Imposer aux populations de ces malheureuses con-

---

(1) GACHARD. *Histoire de la Belgique au commencement du XVIIIe siècle.*
(2) TH. JUSTE. *Histoire de la Révolution belge de 1790.* T. I., p. 6.

trées, sous prétexte de les protéger en pleine paix et à demeure, une soldatesque étrangère dont ils avaient en outre à fournir la solde, et les réduire, par dessus le marché, à la misère, en tarissant les sources de leur commerce au profit de leurs concurrents qui s'en faisaient des rôties, était certes une des inventions les plus extraordinaires et les plus déconcertantes de la diplomatie européenne. On ne s'étonne pas qu'on l'ait appelée « une œuvre de tyrannie et de spoliation sans exemple ». (1)

---

(1) MORE. *Histoire de Belgique.*

II.

Les États Belgiques-Unis de 1790

Nous avons dit que le système de la Barrière froissait la dignité de la Cour de Vienne et nuisait à son prestige. Joseph II, homme à vues droites et à idées nettes, prince supérieur à son époque par son esprit et sa clairvoyance, bien intentionné, consciencieux et loyal, et qui a donné cet exemple, assurément fort rare dans l'Histoire, d'un souverain plus libéral et plus démocrate que son peuple qui ne le comprenait pas, jugeait que la liberté de l'Escaut valait mieux, pour le bonheur de ses sujets et la prospérité de son empire, que tout cet appareil militaire composé de pièces et de morceaux et emprunté de droite et de gauche.

Quand il vint visiter ses domaines des Pays-Bas, il refusa dédaigneusement les honneurs que voulaient lui rendre les troupes étrangères installées dans ses propres Etats. Avant tout, il avait hâte, comme il l'écrivait à Mercy-Argenteau, « de se servir de son Escaut ». Anvers, qui avait connu au XVIe siècle, une époque de prospérité presque fabuleuse, où il n'était pas rare que 400 voiles étaient poussées en une seule marée, était tombé sous la Barrière au rang d'un simple port de pêche. A peine si, à de longs intervalles, une goëlette ou un brigantin s'y amenait encore par les eaux intérieures. L'arrivée d'un bâtiment de Bordeaux, en 1773, fut un événe-

ment. La foule, pressée sur le rivage, ne se lassait pas de le
contempler comme un objet de curiosité extraordinaire, car, si
incroyable que cela puisse paraître, les Anversois de cette
génération n'avaient jamais vu de navire de mer.

Pour les garnisons de la Barrière, Joseph II se souvint
d'un mot de Louis XI : « Quand on veut chasser les oiseaux,
il faut se résoudre à détruire leur nid. » L'empereur fit tout
bonnement démanteler les forteresses, ce qui obligea les troupes,
qui s'y abritaient, à les évacuer. Le système de la Barrière
avait vécu.

Cependant, la fierté blessée de l'Autriche n'était pas le seul
mobile de cette mesure. Sur ces territoires qui, depuis le premier jour qu'ils furent agglomérés par les ducs de Bourgogne,
n'apparaissent que comme une création arbitraire et artificielle
de la politique et de la diplomatie, la diplomatie et la politique ne perdaient jamais leurs droits. Un rapprochement
s'était produit entre Vienne et Versailles. Il favorisait les vues
de Joseph II. Marie-Antoinette venait d'épouser Louis XVI.
L'Empereur sut mettre à profit une visite qu'il fit à son
beau-frère, au retour d'une inspection en Flandre où il avait
vu avec dépit les couleurs étrangères flotter sur les citadelles
de ses bonnes villes, pour jeter les bases d'une nouvelle alliance
entre les deux peuples. La France et l'Autriche se garantissaient
mutuellement leurs possessions en Europe.

« L'Empereur, disait le chancelier de Kaunitz, ne veut
plus entendre parler de la Barrière, parce que, dans le fait, elle
n'existe plus. Tout traité qui n'a plus d'objet, doit être sans
effet. Le traité de la Barrière était dirigé contre la France. Nos
relations avec cette Puissance le rendent inutile, et nous pro-
curent une barrière plus sûre que l'autre, qui était illusoire. ».

Pour l'Escaut, Joseph II voulut d'abord s'assurer que le
blocus en était effectif. Il espérait tout au moins que la vue
de son pavillon en suspendrait la rigueur. Il fit fréter deux
bateaux, l'un à Ostende, l'autre à Anvers, et leur enjoignit
de remonter et de descendre l'Escaut. Mais les Hollandais,

étaient décidés à défendre leurs privilèges. Ils tirèrent des
coups de canon aux bâtiments de l'Empereur, et les prirent
à l'escalade.

Si le système de la Barrière avait vécu, grâce à la solution
radicale de l'Empereur, il n'en fut pas de même de la question
de l'Escaut. Elle passa par des phases diverses, et dut être
finalement soumise à un arbitrage. Chose curieuse, les Flamands, protestaient contre la libre navigation du fleuve.
« Anvers, disaient-ils, parviendra peut-être à recouvrer une
partie de sa prospérité passée, mais ce sera au détriment des
villes de la Flandre. » (1) Ils se souvenaient que les comptoirs
espagnols, portugais, vénitiens, génois, levantins et anglais
installés à Bruges et dans les villes voisines, s'étaient trans-
portés à Anvers à l'époque du « grand entrecours », causant
ainsi la décadence de leur commerce, et la fortune de la reine
de l'Escaut. Ils se refusèrent à appuyer les réclamations de
l'Empereur. Ils énervèrent son action en l'empêchant de se
prévaloir du sentiment du pays, et c'est ce qui permit aux
Provinces-Unies de faire finalement triompher leur intransigeance auprès des arbitres.

La question de l'Escaut, pour être réglée, dut attendre un
décret de la République française du 7 novembre 1789. Ce
fut alors l'Angleterre qui protesta : « La France, écrivait
lord Grenville, ministre des affaires étrangères, ne saurait
avoir le droit d'annuler les stipulations relatives à l'Escaut,
sans avoir également le droit d'abroger tous les autres traités
avec toutes les autres Puissances de l'Europe et tous les autres
droits de l'Angleterre et de ses alliés. Elle ne saurait alléguer
aucun prétexte d'intervenir dans la question de l'Escaut, à
moins de se déclarer le souverain des Pays-Bas, ou d'avoir la
prétention de dicter des lois à toute l'Europe. »

Joseph II eut le tort d'anticiper sur son époque et surtout
sur son peuple. Il dépassait la mentalité d'un pays qui en était

---

(1) *Revue Nationale de Belgique.* T. III

resté à des conceptions arriérées et désuètes. Repliées sur elles-mêmes sous des mains étrangères, les populations de l'agglomérat wallo-flamand cuisaient hélas ! dans leur jus depuis des siècles. Elles avaient sans doute souvent à la bouche les grands mots de liberté et de Constitution ; mais une oligarchie étroite et jalouse en abusait pour étiqueter ainsi ses privilèges. Les réformes de Joseph II qui destituaient ces privilèges, se heurtèrent à un violent mouvement d'opposition que la faiblesse du pouvoir et l'égarement du peuple transformèrent bientôt en une révolution en règle.

A la vérité, ce mouvement manquait de réflexion et de maturité ; il était aveugle et désordonné, impulsif et incohérent ; il n'avait pas de but bien défini, et il groupait des éléments qui ne se caractérisaient que par leurs désaccords. Mais l'exemple et l'ambiance sont d'impérieux instigateurs. Les Belges se révoltaient parce que la révolution était à la mode. D'Amérique, où Washington était devenu le héros des Deux-Mondes, de France où la popularité de La Fayette était à ce moment à son comble, venaient des ferments qui s'étendaient comme une contagion. Même les Liégeois, qui vivaient en marge des Pays-Bas, et n'avaient avec ceux-ci que de stricts rapports de voisinage, dénués d'ailleurs de sympathie réciproque, étaient à ce moment en pleine révolte contre leur Prince-Evêque.

Deux partis dirigeaient le mouvement. L'un, féodal et théocratique, voulait rétrograder vers le Moyen-Age. Il rêvait de conserver et d'accroître encore l'influence des privilégiés, c'est-à-dire des Etats provinciaux, du clergé et des métiers. L'autre, démocratique, mieux pénétré des nécessités nouvelles, aspirait à doter le pays d'institutions libérales selon la formule des constitutions modernes. Le premier groupe s'appuyait sur la Joyeuse-Entrée du Brabant, catalogue de droits indigeste, archaïque et contradictoire, qu'une brochure fameuse, signée « Un Paysan wallon », venait d'appeler « un monument d'obscurités et de disputes », dont les oppresseurs du pays avaient de tous temps su tirer les interprétations les plus diverses mais toujours à leur avantage. D'accord pour se libérer du régime autrichien, d'accord aussi pour constituer une Fédération respectueuse de l'autonomie des provinces, des peuples et des races, les deux groupes se séparaient aussitôt qu'il s'agissait de définir et de composer le gouvernement qui devait remplacer celui de l'Empereur. Les uns entendaient proclamer la souveraineté des Etats, tels qu'ils existaient de temps immémorial. L'Espagne et l'Autriche avaient respecté, l'une et l'autre, cet anachronisme féodal pour deux raisons faciles à deviner. D'abord parce qu'il amusait les Belges ; ensuite parce que avec le système des gouverneurs-généraux, investis de pouvoirs régaliens, l'autonomie provinciale n'était plus qu'un vain mot et ne pouvait plus aboutir à grand'chose. Mais le pouvoir de l'Empereur disparaissant, à qui fallait-il attribuer la souveraineté ? Les statistes prétendaient que la question était tranchée par la Joyeuse-Entrée elle-même, qui déférait dans ce cas la puissance exécutive aux Etats. Les démocrates objectaient que les Etats n'avaient jamais formé qu'un pouvoir intermédiaire, qu'ils n'avaient nul droit à l'exercice de l'autorité souveraine, qu'il fallait reviser la Constitution, et que ce soin ne pouvait être confié qu'à la nation tout entière. Ils disaient encore que remettre la direction du pays à des collèges de privilégiés, inaccessibles aux masses populaires et aux professions libérales, où la noblesse elle-même ne jouait qu'un rôle effacé à côté des abbés mitrés, c'était en somme remplacer « un tyran surchargé de couronnes » par « cinquante oppresseurs sans responsabilité ». Enfin, ils accusaient leurs adversaires de vouloir instaurer le règne d'une « théocratie », et Feller, le porte-plume du parti statiste, ne repoussait ni l'idée, ni le mot. A cette époque, le clergé possédait dans les Pays-Bas autrichiens à peu près les trois quarts des biens territoriaux. Dumouriez, dans un rapport de 1792, remarquait assez finement que le pays ne se trouvait pas sous l'influence *religieuse* «du clergé, comme on le croyait généralement, mais sous son influence *pécuniaire*.

On voit que les adeptes du second groupe, imbus de sentiments démocratiques, visaient le gouvernement de la nation par la nation à l'aide d'un système représentatif s'étendant à toutes les classes de citoyens. Ils s'inspiraient visiblement de la Constituante. Les partisans des Etats leur reprochaient d'ailleurs de livrer le pays à « une cohue à la française ».

Entre des opinions aussi divergentes aucune transaction n'était possible. La lutte fut âpre, passionnée et violente. Après les discussions, les apostrophes et les libelles, on en vint aux coups. Le sang des démocrates coula plus d'une fois dans les rues de Bruxelles et des grandes villes flamandes, où la haute tonsure régentait l'opinion.

Toutefois, il y avait encore autre chose dans cette étrange révolution. Au fond, un conflit de races et une grosse question de politique internationale se débattaient sous une bruyante agitation intérieure. Les Pays-Bas autrichiens, on l'oublie trop souvent, n'avaient pas la même contexture que la Belgique de 1830. D'une part, la principauté de Liége, alors fort étendue, n'y était nullement conjointe, et vivait sa vie propre, pestant et disputant de son côté avec son Prince-Evêque. De l'autre, le Luxembourg s'était nettement désolidarisé du mouvement révolutionnaire. Les Wallons, dans cette conjoncture, formaient donc le tout petit nombre. Aux Etats-Généraux, ils ne disposaient que de 20 voix sur 90. Flamands et Brabançons étaient statistes. En Wallonie, on l'était beaucoup moins. Quand enfin les réactionnaires l'emportèrent, proclamèrent la déchéance de Joseph II et remirent par un coup d'Etat l'exercice de la souveraineté nationale aux Etats Provinciaux, ceux du Hainaut ne s'y résignèrent qu'à contre cœur. Ils commencèrent par déclarer qu'il serait pourvu par la nation au remplacement du pouvoir exécutif dès qu'elle pourrait s'occuper de cet important objet avec toute la tranquillité et la sûreté qu'exigeait une opération si importante et si délicate, mais que *provision-*

nellement ils voulaient bien se charger du pénible fardeau d'exercer ce pouvoir. »

C'était mettre en doute le triomphe définitif des statistes, réserver l'avenir et montrer qu'on ne suivait qu'en réchignant, faute de mieux. Les Etats du Hainaut demandèrent en outre, sur les ressources financières de la coalition, le plan de défense en cas d'attaque, et les alliances formées ou préparées, des éclaircissements qu'on ne put ou ne daigna jamais leur donner.

En outre, les dirigeants du mouvement avaient essayé de s'aboucher avec les Liégeois qui venaient de chasser leur Prince-Evêque et de proclamer la république. Statistes et démocrates rêvaient de géminer les efforts des deux peuples, de concerter une action commune et de les réunir en une République fédérative. Mais les Liégeois se méfièrent de ce bloc enfariné. « Depuis un temps mémorial, dit Ferd. Hénaux, dans sa magnifique *Histoire du Pays de Liége*, les Liégeois avaient pour leurs voisins un profond mépris. » Ils se moquaient « des Belges » qui combattaient pour conserver des institutions anachroniques et renforcer le fanatisme religieux, ne comprenaient rien au mouvement nouveau des idées, ne s'occupaient que de reposoirs à construire, de Vierges à orner, de moines à affubler de riches chapes et de cent mille cierges à brûler aux pieds des saintes images, alors qu'il s'agissait de commencer par séparer le temporel du spirituel et d'introniser le règne du peuple souverain. Une alliance entre les Belges et les Liégeois paraissait donc irréalisable. « Il suffit de connaître la différence des principes qui meuvent les deux peuples dans leur Révolution, pour voir qu'il doit y avoir entre eux un mur de séparation impénétrable. » (1) Les Liégeois n'entendaient nullement être assimilés « aux Belges ». A l'étranger, où on les mesurait souvent à la même aune, ils protestaient avec énergie : « On nous confond partout, nous, Liégeois, avec les Belges. Tandis que nous nous battions pour

____

(1) *Journal général de l'Europe,* 1790, t. IV, p. 239.

la philosophie et tous les vrais éléments de la République, eux,
Brabançons et Flamands, étaient rebelles à la raison, et se
battaient pour le fanatisme et pour les préjugés absolument
contraires aux principes républicains. » (1)

Enfin, en dehors de ces incompatibilités de races, avouées
ou latentes, le mouvement de Bruxelles et des villes flamandes
avait des dessous internationaux. On y démêlait des infiltra-
tions de sources étrangères, tantôt sournoises, tantôt fort
démonstratives. La Révolution était dirigée par deux comités.
Le premier siégeait à Bréda. Il était composé d'abbés influents
et de publicistes réactionnaires. Ce comité recevait l'appui des
Puissances dites maritimes qui voyaient dans le succès de la
Révolution un moyen de revenir sur la rupture du traité des
Barrières (2). Vander Noot, le chef populaire des statistes,
était allé jusqu'à reprocher à Joseph II, dans ses *Réflexions
politiques sur les troubles des Pays-Bas autrichiens,* l'évacuation
des places de la Barrière et ses tentatives pour l'affranchis-
sement de l'Escaut. Affublé du titre d'*Agent plénipotentiaire
du peuple brabançon,* Vander Noot négociait à La Haye avec
le grand pensionnaire de Hollande afin de faire reconnaître
le nouveau gouvernement sur la base « des satisfactions à
donner aux Alliés sur les différents points que leur sûreté exigeait de modifier. » (3)

L'autre comité fonctionnait à Lille. Les avocats démocrates
qui le composaient puisaient leurs inspirations dans les avis
de La Fayette. Naturellement, il leur conseillait le régime d'une
assemblée nationale. Mais il leur recommandait aussi de confier
le gouvernement de leur pays à un prince de la Maison
d'Autriche. C'était, en effet, le moyen d'empêcher le retour du
système de la Barrière, dont Vienne ne voulait plus entendre
parler à aucun prix.

____

(1) *Soirées liégeoises,* 22 mars 1798, p. 433.
(2) DE FELT cité par JUSTE. *Histoire de la Révolution belge de 1790.* T. I.
p. 180.
(3) TH. JUSTE. Ouvrage cité. T. II, p. 237.

Ainsi l'agglomérat wallo-flamand subissait, une fois de plus, la peine de son rôle stratégique. Militaires et diplomates y veillaient comme au lait sur le feu. Sous la clameur des revendications particulières, le conflit des intérêts internationaux impulsait tout. Il exerçait comme une servitude permanente sur l'union des deux peuples, et l'Europe, soucieuse avant tout de ses propres desseins, ne les perdait jamais de vue.

Enfin, le 7 janvier 1790 fut constituée la fédération des *Etats Belgiques-Unis*, belle et grande idée qui eut pu porter d'heureux fruits. Dans un Etat composé de peuples différents de langues, de mœurs et d'idées, la seule forme rationnelle de gouvernement est en effet la fédération. La logique irrésistible de l'instinct et de la raison l'indiqua aux Belges, dès le premier instant qu'ils se crurent libres. Unanimement, ils désavouèrent le principe trompeur et oppressif de l'unité politique, legs des dominations étrangères, pour lui substituer celui des autonomies associées. Mais ils eurent le tort de ne pas adapter ce système aux réalités nouvelles, et de suivre trop aveuglément de béats admirateurs du passé qui, vivant sans contact avec le monde depuis des siècles, ignoraient qu'autour d'eux les peuples avaient évolué et marché. Ce n'est pas le principe fédéral qui a perdu la révolution belge de 1790, mais l'application malheureuse qu'en firent les statistes en négligeant de l'approprier aux circonstances et de le rajeunir. Le vice s'en trouvait à la base, dans le recrutement des Etats suivant un mode vétuste et périmé. Les principes généraux, au contraire, énoncés en douze articles, peuvent, aujourd'hui encore, servir de modèles :

I. Toutes les provinces s'unissent et se confédèrent sous la dénomition d'Etats belgiques-Unis ;

II. La puissance souveraine est mise en commun mais restreinte aux objets suivants : à celui d'une défense commune ; au pouvoir de faire la paix et la guerre, et par conséquent, de lever une armée nationale, de faire construire et d'entretenir les fortifications nécessaires ; au pouvoir de contracter des alliances tant offensives que défensives avec les Puissances étrangères, de nommer, d'envoyer et de recevoir des résidents ou ambassadeurs ;

III. La puissance souveraine est confiée à un Congrès composé de députés de chacune des provinces et sous la dénomination de *Congrès souverain des Etats belgiques-Unis;*

IV. Le Congrès doit maintenir les rapports anciennement observés avec le Saint-Siège, tant dans la présentation ou nomination des régnicoles aux archevêchés et évêchés, qu'en toute autre matière, conformément aux principes de la religion catholique, apostolique et romaine, aux concordats et libertés de l'Eglise belgique;

V. Le Congrès a seul le pouvoir de faire battre monnaie, au coin des Etats belgiques-Unis, et d'en fixer le titre et la valeur;

VI. Les provinces contribueront à la dépense nécessaire à l'exercice des pouvoirs souverains confiés au Congrès, selon la proportion observée sous le gouvernement déchu;

VII. Chaque province retient tous les autres droits de souveraineté: sa législation, sa liberté, son indépendance, tous les droits et pouvoirs enfin qui ne sont pas expressément mis en commun et délégués au Congrès souverain;

VIII. A l'égard des difficultés qui pourront naître, soit à l'occasion de la contribution commune, soit sur tout autre objet, entre une province ou le Congrès, ou entre le Congrès et une province, ou de province à province, le Congrès tâchera de les terminer à l'amiable; si une composition à l'amiable ne pouvait avoir lieu, chaque province nommerait une personne à la réquisition de l'une ou de l'autre partie; ces arbitres instruiront sommairement la cause. Le Congrès sera chargé d'exécuter la sentence; et si elle lui est contraire, il devra s'y soumettre;

IX. Les Etats-unis s'obligent à s'entr'aider; dès qu'une province sera attaquée par un ennemi du dehors, elles feront toutes cause commune, et toutes ensembles défendront de toutes leurs forces les provinces attaquées;

X. Aucune province n'est libre de faire une alliance et de conclure un traité quelconque avec une Puissance étrangère sans le consentement du Congrès; ce consentement est également nécessaire pour que les provinces particulières puissent s'unir entre elles, s'allier, ou contracter de quelque manière que ce puisse être;

XI. L'union sera stable, perpétuelle et irrévocable. Il ne sera permis à aucune province, ni à plusieurs, pas même à la majorité, de rompre cette union ou de s'en détacher sous aucun prétexte;

XII. Le pouvoir civil et militaire ou une portion de l'un et de l'autre, ne sera jamais conféré à la même personne.

Le malheur de cette révolution fut de vouloir mettre du vin nouveau dans de vieilles outres, et de tout adapter à une antique Constitution du pays, la Joyeuse-Entrée du Brabant, nid embrouillé et obscur de chicanes et de hargneries interminables. Le prince de Ligne, sommé par le Comité de Bréda de venir mettre son épée au service du nouveau régime, écrivit de Belgrade, qu'il venait de prendre : « Je suis assommé de propositions pour me mettre à la tête des Flamands. Je n'ai répondu qu'une seule fois pour dire que je ne répondrai point ; je leur ai fait entrevoir la sottise et l'impuissance de leur révolte ; et après leur avoir démontré qu'ils ne savaient pas lire le bourguignon du bon duc, auteur de leur *Joyeuse-Entrée*, j'ai ajouté que je ne me révoltais jamais pendant l'hiver. »

Ce fut effectivement l'esprit de réaction qui perdit cette révolution ou, par un audacieux travestissement des mots, les formules populaires servaient à recouvrir une étrange reconstruction théocratique et féodale. L'Autriche réussit bientôt à récupérer ces provinces par un vigoureux retour offensif de ses troupes, devant lesquelles l'armée des Etats, livrée aux discussions intestines, lâcha pied et se dispersa. Mais peut-être le prince de Ligne n'ignorait-il pas que les statistes, qui pratiquaient cette antique politique, en avaient reçu le mandat impératif de leurs alliés étrangers. Les Puissances maritimes avaient exigé impérieusement le maintien de l'ancienne Constitution du pays (1). L'Angleterre surtout craignait qu'un régime trop démocratique et une assemblée nationale n'apparentassent la révolution belge à la révolution française et ne finissent par les confondre. Malheureusement, c'était l'heure où l'on démolissait les bastilles au lieu de les reconstruire, et les restaurations moyenâgeuses n'avaient plus guère chance de plaire ni de vivre.

La révolution belge de 1790 avorta par l'incapacité et l'égoïsme de ses dirigeants. Le Hainaut ne cessa un jour d'être travaillé de mouvements démocratiques que les statistes refrénaient avec la dernière rigueur. On y réclamait à cor et à cri « un Sénat commun de toutes les provinces belgiques, basé sur le suffrage populaire ».

Quand tout fut perdu, quand les troupes autrichiennes du vieux maréchal Bender campaient à la Cambre, aux portes de

---

(1) Th. Juste. Ouvrage cité. T. II, p. 23 et *passion*.

Bruxelles, quand il fallut rouvrir les prisons et les couvents qui regorgeaient de démocrates incarcérés, quand les officiers des Etats vinrent rapporter les drapeaux en disant que c'était tout ce qui restait de leurs régiments qui s'étaient débandés, quand enfin les membres du Congrès, tremblants de peur, ne songeaient plus qu'à gagner la frontière pour sauver leur tête, un député de Namur, M. Haut, monta à la tribune et prononça ces paroles : « Vous ne pouvez méconnaître en ce moment le tort que vous avez eu, dans l'intérêt de la nation, de ne pas accéder spontanément à la demande qui a été faite dans le temps, par de vrais patriotes, d'accorder une plus ample représentation au Tiers-Etat, afin qu'il puisse avoir dans les affaires publiques, non un simulacre d'influence tel qu'il existe maintenant, mais une équitable influence de fait. La véritable force nationale réside dans le peuple. Le peuple prodigue son sang et sans lui vous ne pouvez rien. Ces vérités, vous les avez méconnues. Vous vous êtes emparés, par des théories dont vous connaissez maintenant le côté faible, de toute l'influence politique dans les affaires et les intérêts publics ; faites maintenant tout ce que vous voudrez, vous n'échapperez point à la responsabilité qui doit peser sur vous seuls. »

C'était l'unique morale à tirer de ces événements.

III.

Le Royaume des Pays-Bas

———

La domination française incorpora les « Belges » et les Liégeois qui, pour la première fois depuis Charles - Quint, connurent ainsi une existence commune qui dura vingt-deux ans. Encore, pendant les trente-quatre années du règne de l'Empereur, les institutions des deux peuples étaient-elles restées distinctes, et, sauf l'union personnelle dans le chef du souverain, les deux pays aussi étrangers l'un à l'autre que la Franche-Comté et la Westphalie. Depuis le démembrement de l'empire de Charlemagne jusqu'à la veille de Waterloo, ce sont les deux seules périodes — ensemble cinquante-six ans — où « Belges » et Liégeois ont été confondus. Ce n'est vraiment pas assez pour qu'on puisse parler d'une unité fondée sur l'histoire et la tradition.

Après la chute de Napoléon et l'occupation de la Belgique par les armées de la Sainte-Alliance, Belges et Liégeois se virent de nouveau disjoints et gouvernés séparément. Les anciens Pays-Bas autrichiens furent administrés, au nom des Puissances Alliées, par le baron de Horst, fixé à Bruxelles ; les Etats de Liége par le gouverneur-général du Bas-Rhin, qui résidait à Aix-la-Chapelle. Après la capitulation de Paris, les

Alliés disposèrent de ces territoires par droit de conquête (1). Le problème du jour consistait à savoir ce qu'ils allaient en faire.

Mais déjà le prince d'Orange avait pris les devants. Chassé en 1795, par la marche victorieuse de Pichegru, de cette Néerlande qui, république ou monarchie, semble avoir indissolublement lié son sort à celui de la famille d'Orange-Nassau, il avait erré en Angleterre, en Prusse, en Autriche, se battant bravement dans les rangs des armées alliées, à Iéna où il fut fait prisonnier, à Wagram où il se distingua par son sang-froid et sa fermeté. Entretemps, on l'avait fiancé à la princesse Charlotte d'Angleterre, héritière du trône. Malheureusement le jour du contrat la fiancée resta introuvable. Le prince d'Orange ne reçut d'elle qu'un billet laconique lui annonçant son aversion insurmontable pour ce mariage et le retrait de sa parole. Quelques mois plus tard, la princesse Charlotte épousait le prince Léopold de Saxe-Cobourg, plus tard premier roi des Belges, celui qu'une femme d'esprit qui avait deviné quelles ambitions couvaient sous les allures froides de ce grand garçon flegmatique, avait baptisé « le marquis Peu-à-Peu ». Ainsi la destinée mit une première fois ces deux hommes en présence. Ils devaient se retrouver plus tard dans les plaines de Louvain, lorsque l'armée hollandaise recula devant les troupes de Louis-Philippe venues au secours de Léopold. En ordonnant la retraite, le prince d'Orange, qui avait espéré un instant devenir le nouveau roi des Belges, ne put retenir une imprécation contre l'adversaire que le destin lui opposait sans cesse : « Autrefois, dit-il, il m'a pris ma femme ; aujourd'hui, il me prend ma couronne. » Une ancienne rivalité amoureuse était liée au drame politique qui se jouait entre les deux princes et les deux peuples.

Quand, après la chute de Napoléon, ils virent revenir les Alliés, les incorrigibles réactionnaires de Belgique s'imaginèrent

____

(1) Traité de Chaumont.

que l'ancien régime allait revivre. Déjà, ils réclamaient le rétablissement de la Joyeuse-Entrée, des vieux privilèges théocratiques et de l'oligarchie des Etats. A leur grand étonnement, ils
virent les Alliés conserver les institutions et le régime français,
allant jusqu'à rappeler et réinstaller dans leurs emplois les
fonctionnaires dont le premier mouvement avait été de prendre
la fuite. Les vainqueurs s'étaient enfin aperçu que les féodaux
encroutés des anciennes provinces autrichiennes n'étaient qu'une
poignée, malgré tout le bruit qu'ils menaient. Ils avaient
compris que pour détacher le gros du peuple de la France, où
le portaient ses sympathies, c'était un mauvais moyen que de
lui arracher les institutions démocratiques auxquelles il s'était
habitué, et qui en faisaient la popularité.

Cependant l'ancien parti féodal se mit en mouvement et
rassembla ses tronçons. Sous le Directoire il avait fomenté la
Guerre des Paysans campinois, cette étrange Vendée flamande,
dont les bandes combattant sensément pour l'indépendance
nationale, s'affublaient de la cocarde autrichienne, se donnaient
pour chefs d'anciens sergents recruteurs des Kaiserlicks, et
lançaient des proclamations aussitôt désavouées, il est vrai, au
nom de l'Empereur et Roi.

Le chef principal de la révolution brabançonne de 1790,
Vander Noot, revint inopinément sur la scène politique. On
le croyait mort. Le Consulat, le Directoire, l'Empire l'avaient
fait oublier. Tout à coup, comme Epiménide sortant de son
long sommeil, il reparut pour démontrer au monde que, tandis
que les événements et les idées avaient marché avec une rapidité
foudroyante, ici, dans certains milieux où l'on s'était volontairement bouché les yeux et les oreilles, rien n'avait changé.
Dans une brochure retentissante, Vander Noot entreprit de
prouver que la Belgique était un fidéi-commis perpétuel et
inaliénable de la couronne d'Autriche.

On sait que l'empereur François II avait fait, en 1797,
cession des Pays-Bas à la République Française en échange
des Etats Vénitiens. Vander Noot soutint que cette cession

devait être considérée comme nulle et non existante. La Belgique n'avait jamais connu de domination étrangère. Elle avait toujours été gouvernée par ses souverains naturels et légitimes. Elle constituait un domaine perpétuel et inaliénable de la Maison de Bourgogne-Autriche. L'Empereur lui-même n'avait pas le droit d'en disposer.

Il se trouva des hommes influents et considérables pour appuyer cette étrange fantaisie. Une députation de la noblesse belge, dont faisaient partie le duc de Beaufort, le marquis d'Assche, le vicomte de Jonghe, partit pour Chaumont, au grand quartier général des Alliés et alla supplier l'Empereur d'Autriche de reprendre les Pays-Bas sous son sceptre. On lui fit comprendre, non sans peine, que les Puissances avaient d'autres vues et que les temps des restaurations féodales étaient passés.

Vander Noot avait oublié que les seuls titres de souveraineté de l'Autriche sur les Pays-Bas découlaient des traités de 1713, 1714 et 1715, par lesquels l'empereur Charles VI avait reçu ces provinces de la France et des Alliés « à charge de les conserver et maintenir dans la libre jouissance de tous leurs privilèges, prérogatives, droits, coutumes ainsi qu'ils les possédaient sous la domination de Sa Majesté très chrétienne ou à la mort du Roi d'Espagne ». Il perdait de vue que ce que la diplomatie a fait, la diplomatie peut le défaire, en y mettant la forme dont elle s'est servie pour le faire, et en y employant les mêmes participations. Néanmoins, les idées de Vander Noot continuèrent à hanter certains esprits obstinément figés dans leur culte du passé. Lorsque, plus tard, le nouveau royaume des Pays-Bas fut enfin constitué, et que se réunit la commission chargée de rédiger de commun accord un projet de Constitution, des membres — belges naturellement — demandèrent, dès la première séance : « Où était l'acte de renonciation et de désistement de la Maison d'Autriche ? où était la renonciation des Puissances au traité de la Barrière de 1715 ? »

En attendant que les diplomates, réunis à Vienne, eussent

statué sur leur sort, les provinces belges étaient administrées au nom des Alliés par un général autrichien, le baron de Vincent, qui avait succédé au baron de Horst. Les anciens syndics des métiers de Bruxelles se rendirent auprès de ce fonctionnaire pour lui remettre une pétition où on exprimait des vœux d'un anachronisme qui confinait au burlesque. « C'est la Belgique, y était-il dit, telle qu'elle existait sous l'auguste Maison d'Autriche, qui doit renaître. » Ils demandaient en outre « d'anéantir à jamais les lois révolutionnaires de Bonaparte ». Cette supplique, à laquelle avaient sûrement collaboré les fameux abbés mitrés de la révolution brabançonne mal réveillés de leur engourdissement médiéval, se terminait ainsi : « L'expérience a prouvé que les Belges sont attachés à leurs anciennes lois et à leurs anciennes constitutions, sous l'égide desquelles ils sont assurés de leur bonheur. Cet attachement est tel qu'aucun des membres composant les neuf métiers de Bruxelles n'a voulu accepter des emplois sous le régime révolutionnaire. Les cent quarante-cinq doyens sont intacts (!). Ils ont été fidèles à leur légitime souverain et à l'ancienne Constitution du pays ; aucun d'eux n'a acquis du domaine du Prince ou de l'Eglise ; ils sont restés fidèlement attachés à leurs anciennes lois, à leur patrie, à la religion de leurs pères ; ils ne se sont pas enrichis des dépouilles du clergé. Votre Excellence nous exhorte à être dignes de nous et des grands souvenirs qui s'attachent à notre patrie. C'est le souvenir de notre ancienne félicité sous le gouvernement de l'Auguste Maison d'Autriche qui nous fait un devoir de réclamer le retour de nos anciennes lois et de l'ancienne forme de gouvernement. »

Sans doute, les rédacteurs et les signataires de cet étrange factum s'imaginaient que le gouverneur autrichien auquel il était adressé, allait leur savoir gré et les féliciter de cet étalage de loyalisme périmé et archaïque. Cet encens, pensaient-ils, devait plaire à ses narines et à celles de son souverain. Ils durent éprouver quelque surprise quand ils virent que le baron de Vincent le prenait sur un tout autre ton. Homme ouvert aux idées nouvelles, il trouvait que les bonnes gens qui le venaient solliciter mettaient quelque mauvaise volonté à s'adapter aux réalités ambiantes. Pour faire leur éducation, il offrit de les faire arrêter sur le champ « comme perturbateurs du repos public ». Qui furent quinauds? Les doyens des métiers et les vieux théocrates qui les avaient instigués en avalèrent du coup leur langue, et se tinrent cois.

D'ailleurs, pour en user ainsi, le baron de Vincent avait une raison majeure qu'il ne pouvait encore divulguer. C'est qu'au moment où les partisans de l'ancien régime s'agitaient à Bruxelles, les destinées des Provinces Belgiques étaient déjà secrètement réglées par les Puissances. Le 3o mai 1814, il avait été convenu que l'établissement d'un juste équilibre en Europe exigeait que la Hollande fut constituée de façon à pouvoir défendre son indépendance par ses propres moyens. A cet effet, les pays compris entre la mer, ia frontière de France et la Meuse devaient être réunis à perpétuité à son territoire. Les pays allemands sur la rive gauche du Rhin, qui avaient été incorporés à la France en 1792, devaient servir de même à l'agrandissement de la Hollande et à des compensations pour la Prusse et d'autres Etats allemands.

Le prince d'Orange, on le voit, n'avait pas perdu son temps. Dès le mois d'avril 1813, il avait lié partie avec lord Castlereagh, ministre des Affaires étrangères de Grande-Bretagne. Le sens et la portée des événements ne lui avaient pas échappé, et il avait compris l'intérêt puissant qui poussait l'Angleterre à souhaiter une restauration monarchique en Hollande. Il connaissait l'horreur qui, depuis la Révolution française, animait les « rois conjurés » contre la forme républicaine, même avec les caractères oligarchiques et conservateurs qu'elle n'avait jamais cessé de revêtir dans les Provinces-Unies, aux temps du stadhoudérat. Il ne doutait pas que l'heure sonnerait bientôt où l'Europe, par méfiance des tendances nouvelles, verrait en lui l'homme indispensable et viendrait lui offrir une couronne.

Mais il n'ignorait pas, d'autre part, que, pour être acceptée
par ses austères et farouches compatriotes, cette couronne avait
besoin d'être redorée - d'un lustre nouveau capable de les
éblouir et de leur faire oublier leur vieil idéal républicain.
Ce lustre, indispensable au succès de la cause monarchique en
Hollande, il savait bien que les Puissances, soucieuses avant
tout de solidariser les trônes contre l'esprit révolutionnaire, ne
le lui chicaneraient pas. Mais il avait aussi deviné, chose plus
délicate, où l'Angleterre pouvait le prendre tout en y trouvant
elle-même bénéfice et profit.

Depuis que le bailli de Suffren, appuyé sur les colonies
hollandaises du Cap et de Ceylan, avait failli compromettre la
puissance britannique dans l'Inde, le cabinet de Saint-James
avait pu apprécier l'importance de la possession de ces colonies
pour la sécurité de son empire asiatique. Il y avait là une base
de négociations que le prince d'Orange avait devinée et qu'il
sut habilement mettre à profit. Dans un premier entretien
avec Castlereagh, il avait déclaré vouloir attendre « jusqu'à
quel point l'Angleterre croirait convenable à ses propres intérêts de se dessaisir des colonies hollandaises dont elle a fait la
conquête pendant la guerre ». C'était se montrer disposé à
accepter un marchandage au cours duquel l'Angleterre n'aurait
eu à consulter que ses propres intérêts. Mais, dores et déjà,
le prince indiquait expressément le prix du marché : « Extension des frontières de la Hollande, soit par une sorte de nouvelle
Barrière plus efficace que l'ancienne, soit par la réunion de
quelques portions du territoire voisin de l'ancienne république. » (1)

Ainsi, en politique internationale, tout s'enchaîne et se commande comme les rouages d'un vaste et rigoureux mécanisme.
C'est dans la campagne du bailli de Suffren de 1782 qu'il faut
aller chercher la cause première de l'union de la Belgique et
de la Hollande réalisée en 1814. Ainsi l'Angleterre faisait d'une

______

(1) Colenbrander. *De Belgische omwentelling*, p. 98.

pierre deux coups. Elle étendait et consolidait son empire colo-
nial, tout en renforçant sa politique continentale, en se rendant
favorable et en s'attachant le nouveau royaume des Pays-Bas
qui lui devait son agrandissement. La Hollande, par contre,
obtenait un accroissement de territoire, mais elle le recevait
à titre onéreux. La position de la Belgique s'en trouvait subal-
ternisée d'avance vis-à-vis de l'Etat auquel on l'adjoignait :
les Hollandais, en effet, pouvaient estimer qu'ils l'avaient payée
un bon prix.

A Chaumont d'abord, à Paris ensuite, il avait été décidé
entre les Puissances Alliées, sur la proposition de l'Angleterre,
que la Hollande recevrait « un accroissement de territoire »
qui comprendrait les anciens Pays-Bas autrichiens et le Pays
de Liége. La diplomatie l'admit d'autant plus facilement qu'elle
y voyait une conséquence logique du traité de Munster et un
retour, sous une nouvelle forme, au système de la Barrière.
Seulement, on s'était dit que, puisque par la force même des
choses, les troupes du Roi de Hollande allaient être de nouveau
désignées pour garder les places frontières, autant valait reconnaître la souveraineté de ce monarque sur le pays tout entier,
l'Autriche n'ayant plus aucune espèce de vues sur ces provinces.
Au fond de toutes ces combinaisons, c'est donc l'Angleterre
qui agit, qui dirige, qui décide. Elle a repris à son compte
la politique espagnole qui considérait jadis les Pays-Bas méridionaux comme une porte toujours ouverte sur la politique
européenne. Ce n'est qu'à ce prix que l'une derrière les Pyrénées,
ou l'autre dans son île, pouvait aspirer à un rôle digne de
son ambition. Par une convention particulière, signée à Londres, le 13 août 1814, l'Angleterre s'engageait à payer une
somme de deux millions de livres sterling, laquelle, jointe à
pareille somme à fournir par le Prince-Souverain des Provinces-Unies, devait servir à renforcer la ligne de défense
des Pays-Bas. En outre, un protocole militaire rédigé à Aix-
la-Chapelle, le 15 novembre 1818, précise et complète le
système. Il y était stipulé qu'un certain nombre de forteresses

des Pays-Bas recevraient des garnisons étrangères dès que le *casus fœderis* contre la France serait déclaré. Oubliant que, dans le traité de Paris, elles avaient déclaré vouloir agrandir la Hollande afin que celle-ci put défendre son indépendance par ses propres moyens, les Puissances exigèrent qu'à la moindre alerte, les places de Namur, Dinant, Charleroi, Mariembourg, Philippeville, Nieuport, Ostende, Ypres et Termonde, fussent, de nouveau, mises à la disposition de leurs troupes. La Barrière renaissait de ses cendres. Flandre et Wallonie reprenaient leurs rôles malchanceux de fiefs militaires. C'était la troisième fois qu'elles étaient détournées de leur destinée naturelle et régulière par l'arbitraire de la diplomatie, et sacrifiées à des intérêts qui leur étaient pernicieux. Ce ne devait pas être la dernière.

Déjà, à plusieurs reprises, une fusion des deux pays avait été envisagée par des hommes politiques belges et néerlandais. En 1789, Vander Noot, au retour d'un voyage à Londres, s'était rendu à La Haye pour essayer d'y négocier sur cette base avec le grand pensionnaire de Hollande, van de Spiegel. Mais la République des Provinces-Unies ne ressentait à ce moment aucun enthousiasme pour un rapprochement de ce genre, et le projet de Vander Noot y fut qualifié de « chimère ». Trois ans plus tard, des agents néerlandais, désavoués il est vrai par leur gouvernement dès que leurs projets furent rendus publics, proposèrent une nouvelle frontière tracée de Nieuport à Maestricht. Castlereagh, de son côté, caressa pendant quelque temps, un projet d'agrandissement de la Hollande qui devait comprendre au moins Malines, Diest, Hasselt et Maestricht (1). Enfin, s'il faut en croire une lettre du baron de Stein à Castlereagh du 27 janvier 1814, la Prusse avait aussi son système consistant à ajouter au gouvernement du Prince-Souverain des Provinces-Unies l'administration des départements de la Lys, de l'Escaut et des Deux-Nèthes, c'est-à-dire toute la partie fla-

____

(1) CASTLEREAGH à Clancarty, 3o novembre 1913 (F. O.)

mande du pays. De tels plans, qui tenaient compte de la simi-
litude des races et des mœurs, étaient assurément plus judicieux
et plus équitables que ceux qui consistaient à incorporer la
Belgique tout entière au royaume des Pays-Bas et à assujettir
des peuples wallons à une domination d'essence germanique.

Quoiqu'il en soit de ces projets et de ces systèmes, le traité
de Paris trancha tout, en décidant de l'union des anciens
Pays-Bas autrichiens et du Pays de Liége « actuellement dénommés Belgique » avec la Hollande, et en prescrivant au
Souverain du nouveau royaume de réaliser « l'amalgame » des
peuples ainsi conjoints. Cette dernière stipulation était une
faute grave. — peut-être bien un piège. — qui devait devenir
un jour la pierre d'achoppement du nouveau royaume. Elle
servit de prétexte à une série de mesures vexatoires et tracas-
sières qui finirent par amener l'échec de la combinaison. Mieux
avisés certes étaient les Belges qui, à ce moment, se remirent
en campagne auprès des Puissances et, se souvenant de leurs
véritables traditions nationales, demandaient sous un même
prince, deux gouvernements distincts, c'est-à-dire une fédération
plutôt qu'une réunion.

L'idée partait d'un bon naturel. Elle témoignait d'une appréciation exacte des hommes et des choses. Elle était conforme
à l'esprit des populations. Elle tenait compte des différences
profondes que présentaient entre elles les deux races belges
et la race hollandaise. Bien appliquée, elle eut pu prévenir les
mécomptes futurs.

Mais il était trop tard. L'administration du baron de Vincent
avait été remplacée par une organisation nouvelle qui, à son
tour, n'avait qu'un caractère transitoire. La direction en avait
été confiée au Prince d'Orange lui-même qui, en attendant de
prendre le titre de Roi des Pays-Bas, avait reçu celui de
« Prince-Souverain des Provinces-Unies ». Il s'agissait pour
le moment d'assurer, sans trop de heurts ni de secousses, le
passage d'un régime à un autre, et de gagner, entretemps, la

noblesse et la bourgeoisie à la nouvelle combinaison imaginée par les Puissances.

Un diplomate hollandais, dans une note à son gouvernement, se félicitait déjà des résultats obtenus : « La certitude finale concernant leur destinée a fait sur les habitants une bonne impression, écrivait-il. Les plus intelligents appuient fortement la réunion. Les anciens partisans des Etats sont arriérés de vingt ans et conséquemment risibles. Il ne sera pas difficile de gagner la noblesse. On gagnera aussi le clergé en lui assurant un sort égal à celui des prédicants hollandais... Ici, à Bruxelles, du moins dans le public des rues et des cafés, on est froid et indifférent. Dans les professions plus élevées on montre de l'inclination. Il y a néanmoins des partis, un surtout, qui par sa haine pour tout ce qui n'est pas ancien, m'inquiétait d'abord : c'est celui des grands seigneurs ayant derrière eux les plus rusés moines et les membres des Etats de feu la Joyeuse-Entrée. Mais nous croyons avoir surmonté ces obstacles. » (1)

Le 13 février 1815, le Congrès de Vienne arrêta définitivement que les Provinces-Unies conjointement avec les provinces et districts déjà cédés au Prince d'Orange-Nassau, formeraient un nouveau royaume sous la dénomination de royaume des Pays-Bas. La décision fut connue dix jours après à Bruxelles, où l'on craignait qu'elle ne produisit une certaine exaltation. Il n'en fut rien. La ville fut illuminée ; on sonna les cloches, et les bourgeois vidèrent force pots de bière, sans qu'on sut au juste s'ils étaient contents ou non.

Les diplomates s'étaient cependant ingéniés à embellir la mariée autant que possible. L'accroissement de territoire de la Hollande était devenu, sous des plumes indulgentes et habiles, « un agrandissement de la Belgique ». C'est le Prince d'Orange, décidément homme avisé et esprit très fin, qui avait trouvé cet heureux euphémisme. Dans sa première proclamation aux

---

(1) Correspondance de Falk à Hoogendorp.

habitants du pays, on lisait : « L'Europe doit sa délivrance
à la magnanimité des souverains alliés ; bientôt elle devra
à leur sagesse un système politique qui assure aux nations
agitées de longues années de calme et de prospérité. Les nouvelles destinées de vos belles provinces sont un élément nécessaire de ce système, et ces négociations qui vont s'ouvrir à
Vienne auront pour but de les faire reconnaître et de consolider *l'agrandissement de la Belgique*, dans votre intérêt, dans
celui de vos voisins, dans celui de l'Europe entière. »

Le Congrès de Vienne avait enfin prononcé. Les deux pays
étaient, si l'on veut, agrandis l'un par l'autre. Mais la Hollande
recevait la Belgique. Quoique inférieure en population, elle
était, par le fait même, l'Etat agrandi. Elle pouvait se croire
autorisée à gouverner l'ensemble dans un intérêt purement
hollandais. Jusque-là, et non sans raison, les Belges étaient
considérés comme n'ayant jamais eu de nationalité propre.
Ballottés sans cesse entre les régimes les plus divers, le sentiment patriotique n'avait pu encore dépasser chez eux la
forme des particularismes locaux. Mais si le besoin de nationalité était vague, embryonnaire, ou même, comme on l'a dit,
totalement inexistant, l'esprit de race était réel et vivant,
et n'avait jamais fléchi au cours des siècles. L'Europe aurait
pu s'en souvenir dans sa recherche d'une nationalité pour ces
peuples. Mais la politique seule la guidait dans cette recherche,
et non le droit ou le désir des peuples. Elle croyait à la possibilité de constituer une nationalité avec des intérêts abstraits
qui n'étaient pas même ceux des peuples régentés. Elle
les sacrifiaient congrûment aux exigences de l'équilibre
européen, idéal nouveau, chimérique et arbitraire, dont
le Congrès de Vienne venait d'énoncer cette définition
ingénieuse :

« C'est une combinaison des droits, des intérêts des Puissances entre elles, pour laquelle l'Europe cherche à obtenir :
1° qu'aucune Puissance seule, ni aucune réunion de Puissances
ne puisse parvenir à dominer l'Europe ; 2° que l'état de

possession et les droits reconnus d'une Puissance ne puissent
être atteints au gré d'une autre Puissance ou d'une réunion de
Puissances ; 3° que pour maintenir l'ordre des choses établi on
ne soit pas dans la nécessité d'un état de guerre imminente ou
réelle, mais que la combinaison dont il s'agit assure le repos
et la paix de l'Europe en diminuant les chances de succès pour
celui qui voudrait les troubler. »

C'est en vertu de ces principes que l'on procédait à des
distributions fantaisistes de territoires, sans tenir compte des
sentiments, des intérêts et de la nature des populations qui
y habitaient, faisant ainsi forcément œuvre injuste et précaire,
à la merci du moindre accident. Toute l'œuvre du Congrès de
Vienne se réduisait à un nouveau partage des peuples sans
leur consentement, c'est-à-dire à la violation de la nationalité,
principe alors inconnu ou négligé. En réalité, les Puissances ne
s'étaient guère mises en frais d'imagination. Elles n'avaient
rien vu au-delà du système de la Barrière qu'elles se conten-
taient de faire revivre sous une autre forme, comme plus tard,
par une nouvelle métamorphose, ils la ressuscitèrent sous un
troisième aspect : celui de la neutralité belge.

Ainsi, par l'union de la Belgique et de la Hollande se trouva
constituée sous le nom de royaume des Pays-Bas « la maîtresse pièce du mécanisme disposé avec tant d'art contre la
France, celle qui semblait destinée à assurer l'accord et à
appuyer le jeu de tous les ressorts. » (1)

Malheureusement, l'affaire faillit être compromise à ses débuts. Le débarquement de Napoléon au golfe Juan vint inopinément tout remettre en question. Quand cette nouvelle arriva
en Belgique, les bourgeois de Bruxelles vidèrent de nouveau
force pots de bière. C'était leur manière d'honorer leurs saints.
Depuis quelques années leur calendrier était fort chargé. Ils
commençaient à ne plus s'y reconnaître, et ils embrouillaient
parfois les dévotions. Ils avaient bu successivement à Jo-

---

(1) Duc de Broglie. *Le dernier bienfait de la monarchie.*

:seph II, à Van der Noot, aux Etats, à l'empereur François, à Napoléon, aux Alliés, et au roi des Pays-Bas. Ils burent plus tard à Léopold.

En attendant, la guerre allait de nouveau ravager leur pays. Déjà les Bruxellois voyaient arriver les troupes anglaises destinées à opérer contre la France. Dans les bagages de l'armée, toute la «gentry» de Londres débarquait papillonnante et joyeuse comme en partie de plaisir. Ce n'était partout, au Parc, à l'Allée-Verte, dans les théâtres, les pâtisseries, les cafés, que miss vaporeuses, ladies élégantes, nobles lords aux faces vermeilles et émerillonnées, qui, mêlés aux militaires de toutes les armes, remplissaient la capitale du Brabant des rumeurs de cette « foire aux vanités » que Thacqueray nous a décrites de bonne verve. Wellington et ses officiers se rendaient au bal de la duchesse de Richmond :

« On entendait le bruit d'une fête de nuit ; Bruxelles avait rassemblé sa noblesse et ses belles dames dans des appartements resplendissants de lumière. La jeunesse et le plaisir s'unissaient pour chasser les heures... Mais, silence !... Un bruit sourd et lointain retentit comme si les nuages en répétaient l'écho... Il s'approche de ces lieux, et le son en est plus distinct et plus terrible : Aux armes ! Aux armes !... C'est la voix tonnante du bronze des batailles. » (1)

Le système de la Barrière recommençait à fonctionner. Là-bas, au-delà des sombres futaies de la forêt de Soignes, la Wallonie s'éveillait au bruit du canon de Waterloo, qui, pour un siècle, allait décider de son destin...

____

(1) Lord Byron, *Le pélérinage de Child Harold.*

IV

L'Insurrection Belge de 1830

L'indépendance de la Belgique, la création d'un Etat centralisé et d'une monarchie nouvelle furent les conséquences de la Révolution belge de 1830. Ces conséquences avaient-elles été prévues? N'ont-elles pas dépassé ou trahi les desseins de ceux qui dirigeaient, à cette époque, le mouvement d'opposition contre le gouvernement hollandais ? Flamands et Wallons, en s'unissant contre ce gouvernement dans une action concertée et commune, étaient-ils inspirés par les mêmes mobiles, formulaient-ils des griefs uniformes, poursuivaient-ils des buts identiques ? Cherchaient-ils à constituer leur autonomie politique en se groupant, en se fusionnant sous la main d'un même prince ? Se proposaient-ils d'augmenter d'une unité nouvelle la liste des Etats et des royaumes ? N'est-ce pas plutôt l'Europe qui, en s'emparant du mouvement, dès l'origine, et en enlevant la direction aux Belges, en vertu de cet étrange et fantaisiste droit de tutelle qu'elle s'arrogeait sur ces pays, leur a imposé cette solution qu'il leur a bien fallu accepter dès lors comme un pis aller ? Telles sont les questions que nous nous proposons d'examiner dans les lignes suivantes, avec toute l'impartialité que le souci de complaire au régime issu de ce mouvement a empêché jusqu'ici d'y apporter.

Dès le premier jour que la Belgique fut incorporée au royaume des Pays-Bas, à titre d'accroissement de territoire, la Flandre et la Wallonie envisagent leur situation respective sous des angles fort différents. La Wallonie s'y résigne ; la Flandre murmure. A première vue, cette attitude contradictoire ne peut manquer de causer quelque étonnement. En réalité, l'explication est fort simple. A ce moment, la question religieuse dominait tout. La Flandre catholique murmurait d'être conjointe à un Etat calviniste. La Wallonie, voltairienne, en prenait gaillardement son parti.

Le protocole de Londres, qui fut communiqué le 1er mai 1815 à la Commission mi-partie belge, mi-partie hollandaise, réunie pour rédiger un projet de Constitution commune aux deux pays, portait en son article 2 : « Il ne sera rien innové aux articles de la Constitution établie en Hollande, qui assurent à tous les cultes une protection et une faveur égale, et garantissent l'admission de tous les citoyens quelle que soit leur croyance religieuse, aux emplois et offices publics. »

C'était une précaution que l'Europe avait prise contre l'esprit de fanatisme bien connu des populations flamandes. Elle leur imposait d'autorité le respect de la liberté de conscience. Jusque-là, cet article avait été tenu secret, de crainte qu'il n'eût fait avorter dans l'œuf l'amalgame projeté par le Congrès de Vienne. Maintenant que le projet était réalité, il devenait nécessaire de le divulguer et de le communiquer à la Commission chargée de rédiger un projet de Constitution. L'effet, parmi les ecclésiastiques des Flandres, fut énorme. Ils y virent « un esprit funeste entièrement opposé à l'esprit de la religion catholique ». Protéger également toutes les sectes, disaient-ils, c'est supposer qu'elles sont toutes également bonnes ; or, il n'est pas permis de protéger l'erreur contre la vérité. Le clergé flamand parvint aisément à entraîner et à agiter les populations contre l'esprit laïque de la nouvelle Constitution. La Wallonie, par contre, resta indifférente ou hostile à ce mouvement qui lui paraissait un anachronisme et ne lui inspi-

rait que du mépris. Même le clergé wallon répugnait à s'y
associer. Un des plus fougueux agitateurs catholiques de la
Révolution de 1830, n'hésite pas à le reconnaître : « Ce que
voulait le clergé en 1815, notamment dans les Flandres, *mais
avec moins d'unanimité dans les autres provinces*, c'est une religion de l'Etat qui aurait imposé sa suprématie, non par le
crédit de ses ministres, mais par l'autorité de la loi, et comprimé
par l'appui du bras séculier, la propagation de toutes les
doctrines dissidentes, soit des protestants, soit des philoso-
phes. » (1)

Le chef de cette levée de goupillons n'était autre que Maurice
de Broglie, évêque de Gand, qui osa fulminer l'anathème contre
la loi fondamentale des Pays-Bas, et défendit aux fidèles de
se soumettre à l'article qui consacrait l'égalité de tous les
cultes. « Vous ne pouvez consentir, leur disait-il, dans un
mandement célèbre, sans trahir votre devoir, à ce que l'article
susdit soit érigé en loi de l'Etat, car en assurant à tous les
cultes une protection égale, vous procureriez aux fausses doctrines la facilité de se propager et de se maintenir au milieu
de nous. »

Cette résistance, que le gouvernement hollandais crut devoir
refréner par des mesures coërcitives, suscita des troubles pro-
longés qu'aggravèrent encore la condamnation du prélat à une
peine infamante, sa fuite, le procès des vicaires-généraux, les
poursuites judiciaires contre les journaux, et les mille incidents
que déclenchent toujours les luttes religieuses au milieu d'une
population qui n'obéit qu'à ses pasteurs.

Chose curieuse, ce Maurice de Broglie n'avait pas toujours
professé des idées aussi rigoureusement intolérantes. Dans son
livre, *Le Dernier Bienfait de la Monarchie*, le duc de Broglie,
après avoir fait remarquer que son éminent parent, avant de
devenir évêque de Gand, avait été, en France, évêque concor-
dataire et aumônier de l'Empereur, émet cette réflexion qui

____

(1) Bartels. *Les Flandres et la Révolution belge*, p. 11.

n'est peut-être pas dépourvue d'ironie sous sa plume : « On peut s'étonner qu'un évêque français comme M. de Broglie, après avoir vécu paisiblement sous le régime accepté par le Concordat, en bonne intelligence avec les divers cultes que la loi française met sur le même pied, se montrât si difficile pour accepter *la même égalité* inscrite dans la loi belge. » (1) Mais, à ce moment, une partie du clergé belge regardait avec intérêt du côté de la France où la Restauration faisait la conjonction du trône et de l'autel, et venait de proclamer la religion catholique religion d'Etat (2). Longtemps après, lorsque le royaume des Pays-Bas n'était plus qu'un souvenir, les cléricaux belges reprochaient encore aux réactionnaires français de n'avoir pas accepté le concours qui s'offrait à eux en 1815 : « Indépendante de la Hollande, ou même réunie à la France, la Belgique eut contracté une alliance offensive et défensive avec Charles X et la Congrégation, contre le principe de souveraineté populaire qui a triomphé en juillet. » (3)

Sur ce dernier point tout au moins, on peut croire que les catholiques belges s'illusionnaient doublement. D'abord l'Europe en 1815 avait d'autres vues ; ensuite la Wallonie, bien loin d'être hostile aux idées libérales, y poussait au contraire de toutes ses forces. Ce qui le prouve, c'est la répartition du vote des notables sur l'ensemble de la loi fondamentale du royaume des Pays-Bas. Avant d'être mise en vigueur, il avait été convenu que cette loi serait soumise à l'approbation de la nation, représentée par l'élite de ses citoyens. Dans les Pays-Bas méridionaux, 1603 notables furent conviés à faire connaître leur opinion sur le projet de Constitution. 280 ne répondirent pas à l'appel ; 796 rejetèrent la loi ; 527 l'approuvèrent. L'opposition venait principalement des Flandres. A Gand, il n'y eut que 10 oui contre 70 non ; à Ypres et à Anvers aucun oui,

(1) P. 48.
(2) Cte Ch. Terlinden. *Guillaume Ier et l'Eglise catholique en Belgique.*
(3) Bartels. Ouvrage cité, 1834, p. 10.

contre 5o et 5g non; à Malines 5 oui contre 33 non. Sur les
796 opposants, les diocèses de Gand, de Bruges et de Malines
en fournirent 6gi. A la vérité, les passions religieuses avaient
déplacé la question. Personne ne se souciait plus de se prononcer sur le régime. Les Flandres, habituées à danser aux
pipeaux de leurs pasteurs, votèrent pour leurs évêques et leurs
abbés. La Wallonie, par esprit de contradiction, vota pour
Voltaire. C'est ainsi que le gouvernement interpréta les votes.
Il refusa de tenir compte des suffrages de l'opposition sous
le prétexte qu'ils étaient uniquement dirigés contre l'article
de la loi qui consacrait l'égalité de tous les cultes, et que
ce point, ayant été tranché par le protocole de Londres, il ne
pouvait plus être mis en délibération. Les votes qui s'en
étaient inspirés devaient être tenus dès lors pour inexistants.
En quoi il avait raison. Mais en tenant la loi pour adoptée,
encore qu'elle avait matériellement la majorité des notables
consultés contre elle, il communiqua à tout le système un
élément de flaiblesse dont les suites allaient bientôt se faire
sentir. Les « apostoliques », comme on les appelait à cette
époque, purent se croire victimes d'un déni de justice. La consultation des notables fut une faute et une erreur. Rien ne
la rendait nécessaire. L'opposition confessionnelle y trouva une
arme dont elle ne devait plus cesser de se servir.

A la vérité, cette opposition, livrée à elle-même, n'était
pas bien dangereuse aussi longtemps que la Wallonie ne venait
pas s'y associer. Les Wallons sont loin de subir l'ascendant et
l'influence du clergé et de la noblesse à l'égal des populations
flamandes. Au fond, il ne leur déplaisait pas de voir le gouvernement essayer de dompter et de mettre au pas ces farouches
zélateurs de la théocratie et de l'ancien régime, avec lesquels
ils se sentaient si peu d'accord et qui leur étaient si peu sympathiques. Il leur parut même que le pouvoir se laissait bientôt
aller à d'imprudentes concessions envers les cléricaux flamands dans le but de se rallier ces anciens adversaires, et
les Wallons en prirent ombrage. « Cédant à de fâcheuses sug-

gestions, le Roi avait non seulement reconstitué la Noblesse en corps politique; il avait aussi rendu au clergé catholique d'exorbitants privilèges: le rétablissement de ces abus fut un grand obstacle à la consolidation du nouveau royaume. (1)

Mais bientôt les Wallons allaient se sentir plus directement atteints. Le roi Guillaume prit à la lettre le programme qu'avait tracé le Congrès de Vienne en lui prescrivant de réunir les deux pays par « l'amalgame le plus complet ». Le monarque y vit l'obligation de l'unification totale des deux peuples réunis sous son gouvernement. Il ne pensa pouvoir y parvenir que par la néerlandisation des provinces du Sud, comme de celles du Nord. Il s'y crut autorisé, voire même contraint, par le protocole de Londres du 21 juin 1814 qui lui avait commandé « une réunion intime et complète des deux pays ». Il jugea que l'heure était venue de tenter enfin cette expérience. Un arrêté royal du 15 septembre 1819 prescrivit que « en vue d'aider au rétablissement de la langue nationale », à dater du 1er janvier 1823, aucune autre langue que la *langue nationale* ne serait plus reconnue légale pour les affaires publiques dans les provinces de Limbourg, de la Flandre orientale, de la Flandre occidentale et d'Anvers. Un second arrêté royal, du 26 octobre 1822, étendit cette disposition aux arrondissements de Bruxelles et de Louvain. Toute la Belgique flamande se trouvait ainsi néerlandisée.

À la vérité, les quatre provinces wallonnes n'étaient pas comprises dans cette règlementation. Mais l'intention ouvertement reconnue « d'aider au rétablissement de la *langue nationale* », laissait subsister peu de doute sur l'avenir qui leur était réservé. L'unification par l'amalgame et la fusion était le but indiqué et nettement visé. Dès que le système se mit à fonctionner, les Wallons s'aperçurent qu'ils étaient devenus impropres à remplir des fonctions publiques. « Nul n'était admis à aucun emploi, même dans les provinces où le français

----

(1) Ferd. Hénaux. *Histoire du Pays de Liége,* p. 719.

était la seule langue, qu'il n'eût fait son apprentissage de la langue du Nord. Les plus anciens fonctionnaires, ceux qui avaient blanchi avec honneur dans la carrière administrative, étaient privés de leurs emplois (1).

Un violent mouvement de protestation éclata aussitôt en Wallonie. Le gouvernement ne s'en inquiéta pas tout d'abord, comptant bien que les dissensions séculaires des deux races, la flamande et la wallonne, les empêcheraient d'agir de concert. Il se trompait. Après avoir longtemps hésité, les Wallons, par l'organe d'un avocat du barreau de Liége, Joseph Lebeau, rédacteur principal d'un journal très alerte et très agressif, le *Mathieu Laensberg*, proposèrent en 1828 l'Union des deux oppositions. Le pacte scellé, le gouvernement se vit rapidement débordé. Il se réfugia maladroitement dans des mesures qui aggravèrent le mal au lieu de le guérir. Rien n'eut été plus facile, à ce moment encore, que de conjurer le péril. Mais il aurait fallu au gouvernement, un homme habile et avisé.

Ainsi, dès le début, Flamands et Wallons, dans leur résistance au régime du royaume des Pays-Bas, sont guidés par des motifs différents. C'est là un fait important qui jusqu'ici n'a pas été mis suffisamment en relief. En Flandre, c'est la question confessionnelle qui domine tout. Les difficultés éclatent avant même que le nouvel Etat soit constitué. La Wallonie, d'abord indifférente et résignée, ne s'émeut que lorsqu'elle voit mettre en péril, ce qu'un de ces chefs, Charles Rogier, a appelé « ce qu'il y a de plus intime et de plus sacré dans l'homme », sa langue maternelle. A partir de ce moment, c'est la Wallonie qui prend la tête du mouvement, et elle le conduit avec une fermeté impétueuse. La Flandre se contente de suivre, un peu étonnée de l'allure décidée avec laquelle tout à coup on l'entraîne. Jusque-là, elle se contentait d'organiser la résistance légale et parlementaire. On agissait par voie de pétitionnement

____

(1) VAN DE WEYER. Lettre reproduite par M. Tournai-Detilleux. *Le Flamingantisme.* Bruxelles, Lebègue & Cⁱᵉ, 1896, p. 24.

pour demander le redressement des griefs. Les choses pourtant n'y avançaient guère. Les élections générales de 1830 furent décisives en Flandre en faveur du gouvernement, tandis qu'en Wallonie la plupart des candidats du régime mordaient brutalement la poussière. La Flandre persévéra dans cette opposition plutôt platonique. Personne n'y songeait à une rupture entre le Sud et le Nord. Tout au plus les Flamands caressaient-ils l'espoir d'une séparation administrative qui ne pouvait, en aucune manière, compromettre la cohésion politique du royaume, et aurait laissé subsister, dans sa contexture générale tout au moins, l'œuvre forgée par le Congrès de Vienne pour servir de base au nouvel équilibre européen.

En Wallonie, au contraire, on avait compris, du premier coup, la possibilité de rompre et d'abattre « cette maîtresse pièce » du mécanisme international. La dislocation du royaume des Pays-Bas est le but que les chefs assignent à leurs efforts, sans le communiquer toutefois à leurs troupes. Ils ont un dessein qu'ils ne dévoilent pas encore. Quand l'heure sera venue, la Wallonie prendra le parti de l'action et précipitera les événements. Tandis qu'en Flandre et dans le Brabant on délibère et on tergiverse, Rogier, à la tête de ses Liégeois, accourra à Bruxelles, envahira l'Hôtel-de-Ville et dispersera la *Commission de Sûreté*, pouvoir pseudo-révolutionnaire institué par les Bruxellois qui caressent encore le rêve d'une restauration monarchique au profit du prince d'Orange, très populaire parmi eux, et qui n'épargnait pas son or à cette fin. Dès lors, par ce coup de force de Rogier et de ses Liégeois, le parti de la Révolution entre résolument en scène. Il ne s'agit plus de séparation administrative, ni d'une régence avec le prince d'Orange. C'est la séparation politique qu'on réclame et la chute de la dynastie. Pour y substituer quoi? On ne le dit pas encore. Rogier fonde le Gouvernement provisoire qui, pour le moment, n'a qu'un programme négatif.

Dès lors, la résistance légale et royaliste est débordée, et la parole est à la rue. Impulsée par l'exemple des Liégeois, toute la Wallonie se soulève. Mons, Tournai, Soignies, Genappe, Charleroi, Leuze, Ath, forment des compagnies franches qui prennent le chemin de Bruxelles pour y bousculer la garde bourgeoise qui croyait toujours à la possibilité d'arranger les choses et voulait étouffer la révolution naissante. Liége et Ath amènent du canon. En même temps, les populations de Mons, de Tournai, d'Ath, de Namur, de Mariembourg, etc., livrent assaut aux garnisons locales, lesquelles, abandonnées de leurs recrues belges qui y figuraient en grand nombre, se résignent pour la plupart à capituler. En trois jours, tout était décidé. Le royaume des Pays-Bas gisait démembré. Pour faire agir les Wallons, il avait suffi de l'exemple de Paris où la révolution de Juillet venait de renverser le trône de Charles X. A cette fanfare, la Wallonie avait obéi comme un cheval de trompette. Un homme politique belge qui n'a jamais caché ses sentiments orangistes, le comte Oswald de Kerchove de Denterghem, faisait cet aveu significatif dans la *Revue de Belgique* du 15 novembre 1896 : « La Révolution belge restera toujours un objet de surprise pour ceux qui l'étudieront de près. Elle éclate imprévue, inattendue, soudaine, comme les typhons des mers du Sud ». Imprévue et soudaine, oui, pour ceux qui ne recherchent ou ne soupçonnent pas les sympathies lointaines et profondes qui propulsent les mouvements populaires. A la vérité, chez les Wallons, chez les Liégeois surtout, la spontanéité n'était qu'apparente. D'instinct, ils sautaient sur la première occasion pour briser une combinaison qui leur était odieuse, et réaliser leur antique idéal.

Tout d'abord, il ne faut point perdre de vue, que la jeunesse wallonne qui se mit à la tête du mouvement insurrectionnel de 1830 sortait des établissements d'enseignement secondaire dont la République et l'Empire avaient couvert le sol belge. Une grande partie d'entre elle avait complété son éducation dans les facultés françaises. D'autre part, les villes, belges et principalement les villes wallonnes regorgeaient à ce moment d'émigrés, les uns illustres, d'autres notoires, qui avaient joué un rôle retentissant dans un des plus grands drames de l'histoire, et qui étaient venus demander au royaume des Pays-Bas un refuge contre leurs proscripteurs. Ils se mêlaient à la vie privée et publique de leurs hôtes. La jeunesse les admirait; elle lisait leurs écrits, buvaient leurs paroles, et s'exaltaient de leurs exemples.

Pendant quinze ans, la Belgique servit de champ d'asile aux proscrits de la Restauration. Ils se fixaient de préférence en Wallonie ou à Bruxelles où ils recherchaient la société des Wallons. Tout les y attirait : la communauté de langue, de mœurs, de sentiments, l'esprit hospitalier des habitants, et aussi la générosité moins intéressée peut-être du monarque qui ne croyait pas desservir les intérêts de la Sainte-Alliance, et n'était pas fâché d'avoir barre sur le gouvernement français en couvrant ces opposants irréductibles de sa protection et de son amitié.

C'étaient, pour la plupart, des hommes remarquables auxquels l'éclat d'un nom célèbre mêlé à des événements terribles, imposait une grande dignité de vie. Ils excitaient d'abord la curiosité, mais commandaient bientôt le respect. Les républicains surtout brillaient par une haute intelligence, un désintéressement à toute épreuve et des habitudes d'austérité spartiate. Beaucoup avaient voté la mort de Louis XVI. Ils étaient précédés d'une réputation de sauvagerie et de cruauté. Les Belges voyaient arriver des vieillards paisibles, d'humeur douce et résignée, d'un commerce affable et cordial, exprimant dans un langage élevé et harmonieux, des idées d'une générosité infinie...

Les anciens soldats de l'Empire avaient des dehors plus brusques et le verbe plus âpre. Ils menaient ouvertement campagne contre les princes de la maison de Bourbon. L'opinion, travaillée par les légendes de l'idôle, leur était sympathique. Ils avaient leurs clubs et leurs cercles où ils célé-

braient de compagnie les anniversaires des grandes victoires
de l'Empire.

Le roi Guillaume ouvrait volontiers son royaume à ces
victimes des rancunes politiques, et les Puissances n'y mettaient guère d'obstacle. Seul, Paris se plaignait. On y réclamait avec insistance l'expulsion des régicides de la Convention et des brigands de l'usurpateur. Mais Guillaume secouait la tête : « Ces gens me sont connus, disait-il ; ils sont
fort tranquilles. Je maintiendrai les lois et l'hospitalité des
Pays-Bas ». L'un d'eux s'étant embarqué pour l'Amérique,
le navire qu'il montait fit naufrage, et la tempête le rejeta
à la côte. Quand l'ambassadeur français, M. de la Tour de Pin,
revint demander son expulsion, le roi répondit : « La mer
me l'a rendu; je le garderai ». L'héritier du trône qui résidait
la plupart du temps à Bruxelles, se montrait particulièrement
bien disposé pour les proscrits, et plusieurs d'entre eux fréquentaient sa Cour.

Est-il vrai que le prince d'Orange ne repoussa pas toujours des suggestions qui l'exhortaient à s'emparer de la couronne de Louis XVIII, et à jouer le rôle de l'homme providentiel qui devait régénérer la France ? Marié à la grande-
duchesse Anna-Paulowna, il avait, dit-on, fait lui-même des
ouvertures pour joindre les régiments belges aux troupes russes
de l'armée d'occupation et marcher sur Paris. Le *Journal général de la France* du 16 mars 1816, enregistrait le bruit d'une
prochaine réunion de la France et de la Belgique, mais pour
le taxer aussitôt comme « une invention absurde des mécontents ». A quoi le *Nain-Jaune réfugié*, qui se publiait à ce
moment à Bruxelles, répondait : « Absurde, tant qu'on voudra. Si sous le règne du très clément et très chrétien Jacques II,
quelqu'un se fut avisé de dire à Londres que l'Angleterre serait
bientôt réunie à la Hollande, on aurait été tenté de le conduire
à Bedlam. Et pourtant, en 1688, Guillaume de Nassau, troisième du nom, partit de Texel, avec une faible escorte, débarqua
sur les côtes d'Angleterre et fut maître de la couronne en moins

de quinze jours. » L'invite était directe. Le prince d'Orange y fut si sensible que le roi, prévenu par le tzar et le roi d'Angleterre, jugea prudent d'enlever à son fils le commandement en chef de l'armée. Wellington lui-même, sous les ordres duquel le prince avait servi à Waterloo, et pour lequel il professait une vénération profonde, essaya de le dissuader de se mêler à ces intrigues. Nul n'aurait su dire jusqu'où son humeur aventureuse aurait entraîné l'héritier des Nassau, si une tentative de meurtre, commise à Paris, le 11 février 1818, sur la personne de duc de fer, et où l'on voulut voir la main des émigrés de Bruxelles, ne l'eut tout à coup rejeté dans les bras de la Sainte-Alliance, et ne l'eût fait rentrer, soumis et repentant, sous l'autorité paternelle.

Le *Nain-Jaune réfugié*, feuille d'un esprit caustique et d'une verve mordante, était rédigée par Arnault, l'auteur de *Lucrèce* et de *Marius à Minturnes*, Cauchois-Lemaire, Pocholle de Dieppe, ancien conventionnel, et deux jeunes avocats belges, Orts et Colette. On y lisait : « La ville de Bruxelles est devenue le point de réunion de ce que Paris offrait naguère de plus distingué dans toutes les professions. Officiers, généraux couverts de gloire, hommes de lettres, artistes du premier mérite, gens de la meilleure compagnie, tous viennent y partager le bonheur dont on jouit sur cette terre hospitalière. On les accueille comme des amis, comme des frères, comme des compagnons d'armes. Partout règne une franche cordialité, une politesse affectueuse. Les concerts, les bals, les cercles les plus brillants se succèdent dans cette ville qui, grâce au gouvernement français, deviendra bientôt la capitale du monde. »

En échange des bienfaits de cette hospitalité affectueuse les proscrits firent l'éducation du peuple et lui suggérèrent de nouvelles destinées. Ils contribuèrent puissamment à l'éveil et à l'intelligence de l'esprit public. Ce furent, si on veut, des professeurs de révolution et de solutions brusquées. Ils ne s'y employèrent peut-être pas ouvertement, mais leurs exemples prêchaient pour eux. Beaucoup de ces personnages ne revirent plus leur patrie. Le sol belge garde leurs ossements. D'autres rentrèrent en France après la révolution de juillet, prélude des journées bruxelloises de septembre. Mais tous répandirent autour d'eux, dans le peuple qui les avait accueillis, une semence précieuse qui ne devait pas tarder à lever. Ces hommes récompensèrent leurs hôtes en les aiguillant vers les vérités de l'avenir, mais ils servirent leur propre patrie en désagrégeant le royaume des Pays-Bas qui avait été forgé contre elle...

Cependant, ceci n'explique pas encore complètement le revirement étrange et inattendu que l'historien constate à ce moment chez ce peuple des Pays-Bas méridionaux, si attardé en 1790, si indifférent et si déprimé encore en 1815, vibrant tout à coup d'enthousiasme pour les idées nouvelles en 1830, et trouvant en lui-même des hommes de premier plan pour les réaliser. Il faut tenir compte encore d'un fait géographique, primordial celui-là. Depuis 1815 la principauté de Liége avait été incorporée aux Pays-Bas méridionaux, et, comme il arrive toujours lorsqu'une race de civilisation plus avancée est conjointe à une autre, son influence transforma rapidement la mentalité générale de la nation et devint bientôt prépondérante. C'est par l'ancienne principauté de Liége que les idées nouvelles pénétrèrent en Belgique; c'est par son incorporation aux autres provinces que l'élément wallon put y équilibrer l'élément flamand jusque là assuré d'une suprématie écrasante, et c'est grâce à ce renforcement de l'élément wallon que la révolution de 1830 aboutit enfin à une première victoire, alors que les deux révolutions qui l'avaient précédée, celle du XVIIIe et celle du XVIe siècles, avaient pitoyablement avorté.

Sans l'adjonction en 1815 du Liége au reste des Pays-Bas méridionaux, la reine Wilhelmine règnerait encore aujourd'hui des rives du Zuyderzée aux sources de l'Oise.

Le caractère des événements belges de 1830 a été fort mal compris par les hommes politiques et les historiens qui se sont ralliés trop hâtivement au mot connu du duc Decazes :

« une révolution dans un bénitier ». Vraie pour la Flandre, cette interprétation ne l'est plus, dès qu'il s'agit de la Wallonie. Mais, à l'étranger, on ne faisait pas de distinction. Depuis la Maison de Bourgogne, on désignait communément sous le nom de Flandre, l'ensemble des territoires que cette Maison apporta à l'Espagne. La Wallonie était ignorée ou méconnue en tant que peuple, race ou nationalité. Elle existait cependant. Elle exerçait une influence qui était souvent loin d'être négligeable et qui, dans les événements qui amenèrent, au bout de quinze ans, la dislocation de l'éphémère royaume des Pays-Bas, fut précisément prépondérante et décisive.

Certes, on vit, au dernier moment, le clergé et les classes dirigeantes des Flandres épouser les griefs linguistiques de la Wallonie, et protester contre l'imposition forcée de la langue néerlandaise. Le barreau de Gand, les députés west-flamands aux Etats-Généraux de La Haye s'élevèrent énergiquement contre la proscription de la langue française. Mais les opposants de tous les régimes et de tous les temps ont toujours eu pour méthode de faire flèche de tout bois. A leur arsenal qui commençait à s'épuiser, les Flamands ajoutèrent cette arme que leur tendaient les Wallons. Mais s'ils s'en servirent, ce fut uniquement dans le but de conquérir leur « liberté religieuse », dans le sens très spécial que l'Eglise a l'habitude d'attacher à ces mots. Les Flamands acceptèrent le grief, d'autant plus volontiers que le clergé voyait dans le néerlandais la langue de l'hérésie, et qu'ainsi pour eux le conflit linguistique se rattachait au conflit religieux dont il n'était plus qu'un épisode.

Les Wallons en jugeaient autrement. Quand la révolution fut accomplie, et que le nouveau régime se mit à fonctionner, force fut bien de s'apercevoir que, de ce côté, il s'était agi de toute autre chose que « d'eau bénite en ébullition ».

Pour sa part, le clergé belge mena contre le gouvernement des Pays-Bas, une opposition véhémente. Mais la révolution de 1830, et le régime qui s'en suivit, ne lui firent pas tout d'abord la partie plus belle. Jusqu'en 1884, tout au moins, il put se demander s'il n'avait pas fait un marché de dupe. De 1815 à 1821, il combattit la loi fondamentale des Pays-Bas qui accordait protection égale à tous les cultes et rendaient les fonctions publiques accessibles à tous les citoyens. Il condamnait la tolérance civile et refusait de reconnaître à l'erreur les mêmes droits qu'à la vérité. Mais la Constitution belge de 1831 consacra sur ces points les mêmes principes que la loi fondamentale des Pays-Bas. Sous ce rapport, le clergé ne gagna rien au change. Il était, il est vrai, débarrassé des protestants, mais pour les voir aussitôt remplacés par les voltairiens et des libres penseurs. En somme, son opposition à la loi fondamentale fut la dernière défense de ces conceptions attardées qui, peu à peu, se fondirent, là, comme d'ailleurs, dans les subtilités nuageuses de la thèse et de l'hypothèse, la séparation idéale de la tolérance dogmatique et de la tolérance civile, et l'illusion éphémère du catholicisme libéral de Lamenais et de Montalembert. « La révolution faite, aucune théorie nouvelle ne fut proclamée, aucun principe nouveau ne fut consacré, » (1)

De 1825 à 1829, les « apostoliques », comme on disait alors avaient protesté contre les lois sur l'enseignement. L'Etat en était le grand maître. Dans un pays, où les confessions religieuses étaient nombreuses et ardentes, il avait départagé les prosélytismes en décrétant le principe de la neutralité scolaire. Le clergé belge se fit le champion de la liberté et réclama le droit d'ouvrir des écoles. Très habilement, le gouvernement négocia avec le Saint-Siège, et un nouveau concordat fut conclu qui amena l'apaisement. Le clergé cessa de récriminer. L'évêque de Liége, Van Bommel, publia une lettre pastorale qui recommandait la soumission aux autorités établies, et exaltait l'union intime existant entre l'auguste personne du Souverain, le Saint-Siège et les évêques. Bref, comme le constate l'historien catho-

---

(1) Cte DE KERCKHOVE DE DENTERGHEM. *Revue de Belgique*, 15 nov. 1896.

lique Bartels, dans ses *Documents sur la Révolution belge,* « tous les griefs religieux étaient réparés en octobre 1829 ».

Ce fut précisément le moment où les Wallons entrèrent en scène. L'impulsion qui vint de là fut si puissante et si soudaine que les Flamands se virent contraints de reprendre le harnais de guerre et de suivre le mouvement. « Nous ne sommes pas les auteurs de la révolution belge, dit encore Bartels; elle fut, à nos yeux, légitime, mais prématurée.» (1)

-----

(1) *Les Flandres et la Révolution belge*, p. 5.

V

La confiscation de la révolution belge

Que voulaient donc les Flamands en combattant le régime
établi ? Simplement, le redressement de leurs griefs religieux,
et quelques-uns, au pis aller, la séparation administrative.
Aucun d'eux ne demandait la dislocation du royaume des Pays-
Bas; aucun d'eux ne songeait à la constitution d'un nouvel
Etat indépendant qui eut groupé les Wallons et les Flamands
sous un même sceptre. Une telle préoccupation ne pouvait
même effleurer leurs esprits. Consultez les brochures, les
journaux, les discours de l'époque, vous n'en trouverez nulle
trace. De Potter, qui fut, jusqu'au moment du fait accompli,
le chef principal de l'opposition dans les Flandres, déclare,
dans ses *Souvenirs*, que l'idée d'une révolution ne lui était
jamais entrée dans la tête (1). Le 16 octobre 1829, un des
premiers organes de l'opposition, *Le Catholique des Pays-Bas*,
écrivait encore : « Nous sommes bien éloignés du désir *coupable*
d'une séparation entre le Nord et le Midi ».

Assurément, lorsque la révolution éclata et qu'on put en
escompter la réussite, le clergé s'y jeta avec ardeur. Il se

---

(1) Page 50.

souvint de ses anciens déboires, et ses rancunes mal éteintes se réveillèrent avec ses espérances. Mais on aurait tort de croire, comme on l'a dit trop souvent, que la révolution belge fut une entreprise « cléricale ». Ce ne fut pas la controverse religieuse qui amena la séparation entre les deux peuples. Ce fut la querelle des langues, et elle fut tout entière l'œuvre des Wallons.

Que voulaient-ils, ceux-là ? Ici, les chefs avaient des desseins bien arrêtés. Ils visent carrément le démembrement du royaume des Pays-Bas et le renversement de la dynastie. Ils trouvent « molle et trop historique » l'opposition des de Mérode, des Ducpétiaux, des Jottrand, des De Potter, et se proposent de la faire sortir des « voies diplomatiques ». Le 19 septembre, Rogier et ses Liégeois posent le premier fait de violence. Les armes à la main, ils s'en prennent directement au principe d'autorité. Ils attaquent à Tervueren un poste de gendarmerie et le dispersent. A cette nouvelle, les Bruxellois prennent peur. La *Commission de Sûreté* régentait alors la cité. C'était déjà un pouvoir révolutionnaire, mais qui se proposait de conduire les événements en conciliant le maintien de la dynastie avec le principe de la séparation du Nord et du Midi. Cette *Commission de Sûreté* prend sur elle de désavouer « l'acte désordonné » des Liégeois. Elle écrit au prince Frédéric, second fils du roi de Hollande qui commande les troupes néerlandaises en Belgique, pour lui exprimer sa désapprobation formelle de ces hostilités, et annoncer que réparation en sera faite. Dans une proclamation toute imprégnée de sentiments féaux et loyalistes, elle menace les *coupables* des peines militaires. Les Liégeois brûlent la proclamation. Ils marchent sur l'Hôtel-de-ville, repoussent la garde bourgeoise qui ne voyait en eux que des émeutiers, pénètrent tambour battant dans la salle des séances, et dispersent la *Commission de Sûreté*. Ces hommes n'étaient qu'une poignée : trois cents tout au plus. Ils portaient une blouse bleue, un ceinturon et une casquette où se dessinaient les lettres L. C.

(*Légia Civitas*). Ils représentaient cet élément providentiel qu'on voit toujours apparaître en temps de révolution et qui décide de tout, parce que seul il sait ce qu'il veut, et qu'il le veut bien. Le soir même tout le peuple était avec les Liégeois, et désarmait la garde bourgeoise. L'irréparable était accompli.

Maintenant, quel usage les Wallons se proposaient-ils de leur victoire ? En matière de révolution, le tout n'est pas de détruire; il faut reconstruire ensuite. Les Wallons voulaient démembrer le royaume des Pays-Bas. Ce but, ils ne le cachaient pas. Mais ensuite ? Qu'allaient-ils faire de ses débris ? Ils avaient hâte de se soustraire au régime néerlandais; quel régime rêvaient-ils d'instaurer à la place ? Avaient-ils un système, un projet, un but positif ? Lequel ? Saluaient-ils déjà dans l'avenir l'avènement d'une Belgique indépendante, mi-partie wallonne, mi-partie flamande, sous la forme d'une monarchie centralisée ? Comment le croire ? Ni leurs antécédents historiques, ni leurs traditions ne les dirigeaient dans cette voie et ne pouvaient leur inspirer semblable idéal. En 1790, ils avaient refusé de faire cause commune avec les Flamands contre Joseph II. Deux ans après, ils avaient voté d'enthousiasme leur incorporation à la République française, qui parut aux Flamands une calamité. En 1815, ils acceptaient la loi fondamentale qui, en Flandre, faisait l'effet d'un sacrilège. Maintenant, ils s'insurgeaient contre le régime hollandais, mais pour de toutes autres raisons que celles qui guidaient les Flamands. Il y avait entre les uns et les autres trop de divergences de vues, trop de contradictions pour que « l'union » qu'ils avaient scellée contre ce régime, fut autre chose qu'une formule d'opposition qui couvrait, en réalité, des buts fort différents et fort éloignés.

« La Révolution de 1830 s'explique en grande partie par ce fait que les Wallons, exaspérés par les grammaires du Roi de Hollande, ont voulu redevenir Français. » (1) Les premières

____

(1) Eugène Monseur. *Revue de Belgique*, 15 juin 1907.

couleurs qui pavoisèrent les monuments publics de Bruxelles après le succès des Liégeois, furent les couleurs françaises. « Au lendemain de la Révolution française des 27, 28 et 29 juillet 1830, quelques-uns des adversaires les plus décidés du gouvernement hollandais, se réunirent secrètement dans les bureaux du *Courrier des Pays-Bas*. Ce fut le premier comité révolutionnaire établi à Bruxelles. Van de Weyer et Gendebien en furent les chefs. Tous ses membres tendaient au même but : faire naître un mouvement populaire contre le régime existant; mais les uns voulaient s'en servir en vue d'obtenir le redressement des griefs du clergé catholique, les autres, de provoquer la séparation des provinces du Nord et du Midi et quelques-uns, en vue de l'union de celles-ci avec la France. » (1) A ce moment, les Liégeois n'étaient pas encore entrés en scène. Ils n'apparurent à Bruxelles qu'après le 25 août. L'élément wallon était représenté jusqu'à ce moment par Alexandre Gendebien, de Mons, un des chefs du parti français. Dès que Rogier, après la dispersion du *Comité de sûreté*, put enfin constituer le Gouvernement provisoire, il s'adjoignit Gendebien et l'envoya à Paris pour proposer de constituer la Belgique en *fédération* sous une présidence ou sous un gouverneur général qui serait ou M. de La Fayette ou le duc de Nemours, second fils du roi Louis-Philippe. En même temps, un des premiers actes du Gouvernement provisoire est de décréter le français seule langue officielle désormais du pays. Et Rogier écrit à Palmerston : «. Les efforts de notre gouvernement doivent tendre à la destruction de la langue flamande pour préparer la fusion de la Belgique avec notre grande patrie, la France. » (2)

Mais déjà le Concert européen s'était emparé de la Révolution belge, et en avait enlevé la direction à ses promoteurs. Préoccupées avant tout de la sauvegarde et de la perpétuité de

---

(1) Cte Osw. DE KERCKOVE DE DENTERGHEM. *Revue de Belgique*, 15 nov. 1896.
(2) E. DISCAILLE. *Charles Rogier*, T. III, p. 36.

de leurs combinaisons diplomatiques et militaires, les Puissances, réunies à Londres, avaient pris toute l'affaire en main. Une fois de plus, les Belges se voyaient dépossédés du droit de régler eux-mêmes leurs destinées. A Londres, le Roi d'Angleterre avait fait allusion « au domaine révolté d'un roi éclairé », et affirmé sa détermination « de maintenir, de concert avec ses alliés, ces traités généraux par lesquels le système politique de l'Europe a été établi. » (1) De nouveau, la loi inique de l'équilibre européen, qui disposait des peuples sans leur consentement, emportait tout. Les révolutionnaires de Bruxelles protestèrent avec la dernière énergie contre une intrusion qui leur paraissait braver toute justice et toute raison. Ils crurent trouver à Paris aide et protection. Mais Louis-Philippe tenait avant tout à consolider son jeune trône. Sa royauté sortie d'une révolution récente elle aussi, effrayait la Sainte-Alliance. Pour se faire bien venir du Concert des monarques, il brûlait du désir de donner un gage de ses intentions pacifiques. La Révolution belge lui en donnait l'occasion, en lui permettant de sacrifier à l'arbitraire de l'équilibre européen, les vœux et les sentiments d'un peuple qui avait mis en lui sa confiance ingénue. Quand Van de Weyer, le délégué belge à Londres, déclara que « plutôt que de subir toute espèce d'intervention, ses compatriotes se jetteraient dans les bras d'une Puissance voisine », lord Aberdeen lui répondit froidement : « Les grandes Puissances agissent d'accord avec la France. » Louis-Philippe avait déjà capitulé. « La France, écrivait le *Courrier des Pays-Bas* (2), ne s'est pas crue assez forte pour fonder à elle seule un nouveau système européen, et elle s'est rattachée à l'ancien ; c'est là un fait, *déplorable sans doute*, mais qu'il nous faut subir. » L'attitude de Louis-Philippe déçut cruellement les Belges. Le Roi des Français, disaient-ils, n'est pas l'homme de la liberté. Ils lui reprochaient

------

(1) Discours à l'ouverture du Parlement, le 2 nov. 1830.
(2) N° du 29 avril 1831.

de se laisser intimider par deux fantômes : la guerre et la démagogie, et de mettre son amour-propre à confirmer la foi des traités qui avaient indigné la France de 1815. Telle était alors l'exaltation des révolutionnaires que devant les craintes d'une guerre générale que leur obstination eût pu faire éclater, ils répondaient : « Et après ? » Au commissaire anglais de la Conférence, installé à demeure à Bruxelles pour y travailler l'opinion, et qui menaçait la Belgique d'un démembrement, Alexandre Gendebien répliquait, en haussant les épaules : « Je vous défie de partager la Belgique sans donner à la France le morceau qui vous sied le mieux. » Il voulait désigner la partie wallonne où se trouvaient précisément la plupart des forteresses de la Barrière...

Trompés de ce côté, Rogier et ses compagnons demandèrent qu'il ne fut reconnu à la Conférence de Londres qu'un caractère de médiation philanthropique et humanitaire, n'emportant pour eux aucun engagement de se soumettre à ses résolutions. Cette prétention si modeste ne fut même pas écoutée, et le premier Protocole des Puissances du 7 novembre 1830, consacra virtuellement le principe de l'intervention en imposant aux Belges un armistice « qui ne devait préjuger en rien les questions dont les cinq Cours auraient à faciliter la solution ». Du coup, Flamands et Wallons étaient expropriés du bénéfice de leur révolution, et l'Europe allait faire de ses reliefs un plat à sa convenance, selon une recette qu'elle avait déjà maintes fois expérimentée.

« Dès que la Conférence de Londres entrait en action, dit Bartels, la Belgique, un moment maîtresse de sa destinée, devait cesser de l'être. » (1) La Conférence s'était donné pour mission de discuter et de concerter les nouveaux arrangements les plus propres à combiner « l'indépendance future de la Belgique avec les stipulations des traités, avec les intérêts et la sécurité des autres Etats, et avec la conservation de l'équi-

---

(1) *Les Flandres et la Révolution belge*, p. 536.

libre européen » (1). Au Congrès national, M. Joseph Lebeau, l'auteur de l'Union des oppositions contre le gouvernement hollandais, jugeait sévèrement son action. « Les germes de l'usurpation ont été ainsi déposés dans notre diplomatie ; ils porteront leurs fruits. » (2)

Cette main-mise brutale des Puissances sur l'œuvre qu'ils avaient arrosée de leur sang, révolta les hommes de la Révolution. Ce sentiment se traduisit nettement, et même avec les allures d'une sorte de défi à l'Europe tout entière, dans le vote émis par le Congrès national, le 19 janvier 1831. Par ce vote, où se révélaient la lassitude et le dégoût engendrés par la tyrannie des Puissances, la première Assemblée nationale de Belgique décida de se passer des conseils de la Conférence de Londres, de ne plus même écouter les objurgations ou les suggestions que l'Angleterre pourrait lui faire en particulier, mais de se conformer exclusivement aux avis de la France. Puis, mettant aussitôt les fers au feu, le Congrès national procéda au choix du chef de l'Etat, et désigna le duc de Nemours. La répartition de ce vote est intéressante à observer. Dans les quatre provinces wallonnes, 72 pour cent des votants se prononcèrent en faveur de Nemours ; dans les provinces flamandes sa candidature ne réunit pas même le tiers des voix. Le Brabant, province mixte, se départagea tout naturellement. L'accession au trône du duc de Nemours aurait eu pour conséquence plus ou moins lointaine l'incorporation de la Belgique à la France, et c'en eût été fait de l'indépendance du pays. A ce point de vue, des historiens belges ont pu déplorer ce vote, l'attribuer à une erreur regrettable ou le taxer d'étourderie. Mais nous nous sommes imposé la tâche de constater impartialement les faits, et non de les interpréter au vœu du régime léopoldien. Erreur oui, étourderie, si l'on veut, pour autant qu'on accepte de juger les choses du point

---

(1) Protocole du 19 février 1831.
(2) Discours du 2 avril 1831, au Congrès National.

de vue de l'équilibre européen lié au projet d'une Belgique indépendante. Mais si ce sont, avant tout, les intentions des révolutionnaires que l'on recherche, et le sens réel de l'insurrection belge de 183o que l'on veut dégager, le vote du 19 janvier a une portée considérable. La question est précisément de savoir si les Belges en faisant leur révolution de 183o avaient en vue la conquête de leur indépendance. Les faits répondent : non ! Les Flamands ne demandaient que le redressement de leurs griefs religieux ; les Wallons voulaient se donner à la France. Empêchés de le faire, par les Puissances qui exigeaient que la Belgique se constituât en monarchie indépendante, ils répondirent en déférant la couronne au fils de Louis-Philippe, ce qui les conduisait au même but. « On avait offert à la France, dit M. Nothomb, *la réunion par personne interposée.* »

Dans la séance où le Congrès national avait proclamé « l'indépendance du peuple belge », M. Ch. de Brouckère et M. Devaux enlevèrent le vote, le premier en démontrant que la réunion avec la France était impossible, qu'elle serait combattue par l'Angleterre et repoussée par la France elle-même ; le second en alléguant que puisque l'occasion s'offrait de prendre possession de l'indépendance, « il y aurait manque de courage et de dignité à ne pas *en faire l'essai* ». Les termes même dont M. Devaux se servit dans cette circonstance, en parlant de l'indépendance comme d'un *essai*, prouvent que la solution se présentait aux révolutionnaires belges comme une chose neuve et inattendue, qu'aucun d'eux ne l'avait poursuivie ni réclamée de propos délibéré, qu'ils n'y étaient même pas préparés, et qu'au surplus, ses conséquences et son efficacité ne les laissaient pas sans appréhensions. En somme, une formule bâtarde, comme il en surgit toujours de la bousculade des événements, ayant tous les caractères, au premier moment, d'un moyen de fortune ou d'une cote mal taillée, une expérience, un pis aller, en un mot : un essai.

Que voulait donc l'Europe en s'emparant, dès le premier

jour, de la Révolution belge, et en l'aiguillant vers la constitution d'un royaume indépendant, à laquelle — les faits sont là qui le démontrent — personne encore n'avait songé en Belgique ? L'explication est très simple. C'est toujours l'Angleterre qui agit, et le système de la Barrière continue à dominer toute l'affaire. Il s'agit de sauvegarder et de maintenir la nouvelle adaptation qui en avait été faite par les traités de 1815. Les Puissances, dès leurs premières réunions, avaient déclaré que l'amalgame parfait et complet qu'elles avaient voulu opérer en 1815 entre les deux pays n'ayant pu être obtenu, et étant désormais impossible à obtenir, il était *indispensable* de recourir *à de nouveaux arrangements*. Pour elles, les événements de 1830 ont seulement apporté des modifications aux transactions de l'année 1815. Par le protocole de Londres du 20 décembre 1830, où elle pose le principe de l'indépendance future de la Belgique, la Conférence reconnaît *qu'il ne s'agit que* de remédier aux dérangements intervenus dans les traités. En somme tout le système peut s'énoncer comme suit : Par le traité de Paris de janvier 1814, la Belgique a été mise à la disposition des Hautes Puissances alliées, *en vertu de leur droit de conquête.* En vertu de ce même droit, elles ont donné la Belgique à la Hollande, en accroissement de territoire. Quand éclate la Révolution de 1830, les Puissances interviennent, par l'appel que leur adresse le Roi des Pays-Bas, qui tient d'elles sa couronne et son mandat, et, toujours *en vertu de leur droit de conquête,* elles décident que la Belgique formera un Etat indépendant. La libre volonté des peuples flamand et wallon est totalement en dehors de ces combinaisons. On les place devant ce dilemme : l'indépendance ou la guerre. « La Révolution belge, écrit M. J.-B. Nothomb, fut placée en présence de deux ordres d'idées : la réunion à la France et la guerre ; la monarchie, l'indépendance et les négociations... La réunion à la France, *décrétée de prime abord,* nous mettait en hostilité avec le reste de l'Europe ; en nous *acceptant,* la France nous achetait au prix d'une guerre générale. » (1) Dans sa séance du 20 décembre 1830, la Conférence de Londres avait déclaré dissous le royaume-uni des Pays-Bas, et admis en principe l'indépendance du territoire qu'en 1814 les *Puissances avaient donné à la Hollande.* Elles établissaient par ces mots leur droit d'intervention, en le rattachant au traité de Paris. Cette sentence avait été rendue, dit encore M. Nothomb, *au grand étonnement des deux parties.* » (2)

Il y avait quelqu'un qui avait reconnu l'indépendance de la Belgique bien avant la Conférence de Londres, et bien avant le Congrès National : c'était le prince d'Orange ! Dans une proclamation, datée d'Anvers le 16 octobre 1830, il s'écriait : « Belges, je vous reconnais comme nation indépendante ; c'est vous dire que, dans les provinces même où j'exerce un grand pouvoir, je ne m'opposerai en rien à vos droits de citoyens : choisissez librement et par le même mode que vos compatriotes des autres provinces, des députés pour le Congrès National qui se prépare, et allez-y débattre les intérêts de la patrie. Je me mets à la tête du mouvement qui vous mène vers un état de choses nouveau et stable, dont la nationalité fera la force. »

Que signifiait ce langage ? Quelles raisons avait le prince d'Orange à pousser Flamands et Wallons dans la voie d'une indépendance collective à laquelle aucun d'eux n'avait jamais songé ? A la vérité, c'est la première fois que ces mots sont jetés dans le tumulte des idées. Ils ne viennent pas des révolutionnaires. Ils n'appartiennent pas au vocabulaire de la Révolution. Ils viennent d'ailleurs, de ses ennemis, de ceux qui voulaient détourner le mouvement de son but véritable, et le faire servir à leurs desseins cachés.

Cette proclamation du prince d'Orange donne la clef des arrière-pensées qui animaient les Puissances alliées dans leur

(1) *Essai sur la Révolution belge.* **Bruxelles 1833, pp. 42 et 43.**
(2) *Id.* **p. 69.**

hâte à reconnaître l'indépendance de la Belgique. Celle-ci devait former une monarchie nouvelle dont le fils du roi Guillaume aurait porté la couronne. Ainsi, l'on s'acheminait vers la constitution d'un Etat dualiste sous un même sceptre. La combinaison ne manquait pas d'habileté. On feignait de donner satisfaction aux Belges sans mécontenter la Hollande. D'autre part, les obligations des Nassau vis-à-vis de la Sainte Alliance restaient intactes. Les Puissances alliées conservaient toutes leurs anciennes influences dans le nouveau royaume, ainsi que leur droit d'occupation militaire. Le système de 1815 n'était altéré en rien. L'équilibre européen était sauf. La Russie n'avait accepté de se faire représenter à la Conférence de Londres que pour maintenir l'intégralité de l'Etat des Pays-Bas, *quelle que fut son organisation*, sous la domination de la Maison de Nassau. Malheureusement, le vote du Congrès National excluant à perpétuité les membres de la famille d'Orange-Nassau de tout pouvoir en Belgique, déjoua cette machination. Le prince d'Orange avait cependant de nombreuses sympathies, surtout dans les Flandres, où ses partisans s'agitèrent à maintes reprises et tramèrent des conspirations où l'on retrouva la main de l'agent diplomatique anglais, lord Ponsonby. C'est même à l'aide d'un de ces soulèvements militaires fomenté en Flandre, au mois de mars 1831, en faveur du prince d'Orange, que Ponsonby essayera d'imposer la candidature du duc de Saxe-Cobourg, et d'y rallier la France. Après l'échec de Nemours par le refus de Louis-Philippe qui n'osa pas accepter la couronne pour son fils, la République était devenue la grande favorite. (1)

Le *Journal des Flandres*, sous la plume alerte des frères Deschamps, défendait ce programme : « Les Etats-Unis du vieux continent, voilà ce que nous voulons être. » L'*Avenir*, autre journal très influent soutenait la même politique : « Les colonies anglo-américaines, à l'époque de leur insurrection

---

(1) Bartels. *Les Flandres et la Révolution belge*, p. 385.

contre la mère-patrie, possédaient, comme les provinces belges, des franchises qui en faisaient, quant à leur administration intérieure, de véritables républiques. Elles n'eurent, pour assurer leur indépendance politique, qu'à se créer un gouvernement pour ainsi dire extérieur qui n'a pour toute attribution que la tâche de faire respecter au dehors cette indépendance. Placés, par leurs souvenirs, dans des circonstances semblables, les Belges peuvent aisément fonder un Etat fédératif qui donnerait à l'Europe une Suisse de plus. » (1)

Mais la République effrayait l'Europe. L'Angleterre désirait avant tout le retour des Nassau avec un régime de séparation administrative qui eut, en somme, tout laissé en l'état. Ce ne fut qu'après le vote d'exclusion du Congrès National que, jugeant une restauration désormais impossible, elle suggéra la candidature du duc de Saxe-Cobourg. « Désespérant, dit M. Nothomb, d'établir l'indépendance belge sous un prince de la dynastie hollandaise, l'Anglais saisit avec ardeur une combinaison qui pouvait conserver la Belgique comme une barrière contre la France, sans le secours de la restauration. » (2) Ainsi l'égoïsme de l'Europe domine tout dans la Révolution belge, il commande, il ordonne tout, même l'indépendance du pays, même le choix d'un roi...

Les Belges se méfiaient instinctivement de Léopold. Il était le gendre du roi d'Angleterre. Ils l'appelaient « l'homme des protocoles ». Ils le soupçonnaient d'avoir reçu un mandat impératif et de s'être lié les mains. « Nul de nous ne le connaissait, dit Bartels, mais c'est comme candidat des Cours de l'Europe, comme délégué de la Conférence de Londres, que ses partisans le recommandaient à nos suffrages. » (3). « Le prince Léopold est proposé pour roi des Belges, s'écriait M. de Robiano. De quelles mains nous viendrait-il ? De ces mêmes

---

(1) N° du 6 mai 1831.
(2) Ouvrage cité, p. 125.
(3 Ouvrage cité, p. 476.

mains qui ont signé les protocoles et tout tenté pour nous perdre. » Dans la presse, c'était la même note : « La personne de M. de Saxe-Cobourg, écrivait le *Journal des Flandres*, représente le principe tout entier de la Sainte-Alliance. »

On connait la suite. Le prince Léopold accepta la couronne que lui offrit un vote du Congrès National, après que la Conférence de Londres eut écarté, par ses protocoles du 1er et du 7 février 1831, *tous les autres candidats possibles*, mais il ne l'accepta qu'à la condition, pour les Belges, de s'incliner de même devant toutes les autres exigences des Puissances et d'accepter le traité des dix-huit articles. Ce qui fut fait. L'Europe avait confisqué la révolution belge.

Tels sont les faits.

Et maintenant faut-il conclure ? Dans son *Essai historique sur la Révolution belge*, M. Nothomb affirme : « Les trois dominations qui se sont succédé en Belgique, ont été violemment imposées au pays. Le régime fondé par la Révolution de 1830 offre un caractère de nationalité qui manque à tous ceux qui l'ont précédé » (1). M. Nothomb écrivait au début du régime léopoldien; il était un de ses auteurs; il fut un de ses ministres. Rien d'étonnant à ce qu'il l'ait jugé si favorablement. Mais l'histoire en main, il n'est pas permis de partager cette opinion. Le régime de 1830 a été imposé par la volonté des Puissances, tout aussi bien que le régime de 1815 et le régime de 1648. L'un est sorti du traité de Paris; l'autre du traité de Munster; le troisième est l'œuvre de la Conférence de Londres. Dans les trois cas, les populations ont été obligées de subir un régime qu'elles n'avaient pas souhaité, et de s'incliner à leur corps défendant. C'est toujours en vertu du droit de conquête qu'on intervient, comme c'est toujours en vue d'un intérêt européen, c'est-à-dire étranger, qu'on agit. Le royaume des Pays-Bas n'est que la continuation du système de la Barrière; le royaume de Belgique,

---

(1) P. XXXI.

avec son obligation de neutralité perpétuelle, n'en est qu'une modalité nouvelle adaptée aux circonstances, à l'aide *de nouveaux arrangements*. La nationalité est violée dans tous les cas. M. Nothomb confesse une chose juste, lorsqu'il ajoute : « L'Autriche n'a pas rendu les habitants Autrichiens; ni la France, Français ; ni la Hollande, Hollandais ». Nous dirons à notre tour que le régime de 1830 n'en a pas fait davantage des Belges. L'aveu en a échappé à M. Destrée, après 82 ans d'existence de ce régime, dans sa lettre au roi Albert. « J'entends par là, disait M. Destrée, que la Belgique est un Etat politique, artificiellement composé, mais qu'elle n'est pas une nationalité. » M. Destrée appuyait cette conclusion sur des réalités linguistiques et ethnographiques. Elle ressort, plus lumineuse encore, de l'étude objective et impartiale de l'Histoire. La Révolution belge de 1830, entreprise par les Wallons et les Flamands, provisoirement unis pour des motifs et dans des buts différents, a été escamotée par l'Europe, et le régime qui s'en est suivi a été, aussi bien que celui de 1815, aussi bien que celui de 1648, un régime de violence et de spoliation.

Dans son message du 23 janvier 1917, M. Wilson, président de la République des Etats-Unis, essayant de préciser les buts de la terrible guerre commencée en août 1914, disait: « Les peuples ne sont pas des troupeaux que l'on se passe de potentat à potentat, telle une propriété. Un seul pouvoir de gouvernement est légitime, celui qui repose sur le consentement du gouverné ».

Il n'est peut-être pas de peuples au monde à qui ces paroles s'appliquent mieux qu'aux peuples flamand et wallon qui, depuis la Maison de Bourgogne, ont été passés *de potentat à potentat* « telle une propriété ». Le régime de 1830 n'a pas dérogé à cette malheureuse fatalité, car après qu'on leur eut refusé la fédération avec un président à vie, la royauté avec le duc de Nemours, la république avec un chef élu à temps,

les deux peuples n'eurent d'autre ressource que de se constituer en Etat monarchique sous une dynastie dont le choix
leur était imposé par l'élimination préalable de tous les autres
candidats. Un protocole solennel de la Conférence de Londres
défendit aux Belges d'élire n'importe quel prince appartenant
à une famille régnante d'Europe. Léopold appartenait par
alliance à la famille royale d'Angleterre. Mais la règle n'était
pas pour lui. Seul, il faisait exception. Le cabinet de Saint-
James en avait fait son favori, et lord Aberdeen s'entendait
à pousser la cote. « Si Saxe-Cobourg entre en Belgique,
disait Louis-Philippe, nous lui tirerons des coups de canon. »
Le Roi des Français ne lui tira pas de coups de canon. Ponsonby lui avait fait peur en fomentant en Flandre une conspiration militaire en faveur d'une restauration orangiste (1).
Plutôt que de voir revenir le prince d'Orange, Louis-Philippe
accepta le Cobourg. Une fois de plus la libre volonté des
Belges flamands et wallons était sacrifiée aux intrigues, aux
égoïsmes et aux faiblesses de l'équilibre européen. « Du jour,
dit Bartels, où la Belgique est entrée dans le bassin de la
monarchie européenne, la révolution a été détrônée, et la Belgique gérée pour le compte des Puissances. » De Potter est
beaucoup moins indulgent : « Les protocoles de la Conférence de Londres, écrit-il, ont consommé d'une manière infâme
l'œuvre de la plus inique et de la plus odieuse spoliation dont
l'histoire ait conservé le souvenir. » (2)

Trois fois, le roi-citoyen, indécis et timoré, ayant peur
d'une Europe qui, en réalité, travaillée par le ferment révolutionnaire, était à ce moment sans consistance et sans force,
s'est joué des révolutionnaires de Bruxelles et de Liége qui
avaient cru voir en lui l'homme de la liberté. En acceptant,
de subordonner les conséquences de la Révolution belge aux
décisions de la Conférence de Londres, en refusant le trône

______

(1) Voir une lettre du général Van der Smissen au duc de Wellington.
(2) *Souvenirs*, T. I, p. 197.

de Belgique pour son fils que les Belges avaient élus dans le premier élan de leur cœur, enfin en s'inclinant devant Léopold « l'homme des protocoles », il a trahi la confiance que les insurgés de septembre avaient mise dans la France. De Potter l'avait bien jugé, dès le premier jour, lorsqu'il disait: « Le gouvernement français est plutôt contraire que favorable à l'insurrection de Belgique, parce qu'elle le trouble dans son dessein de tout immoler à la consolidation de la nouvelle dynastie » (1). C'est De Potter encore qui avec une rare clairvoyance déterminait la position exacte des partis, au lendemain immédiat de la révolution belge : « Au milieu de beaucoup d'opinions et de systèmes, c'est-à-dire de divisions morales, il ne s'est réellement prononcé en Belgique que deux partis distincts, savoir, celui des *réunionistes* et celui des *non-réunionistes*. Le premier voulait la France à tout prix, directement si cela était possible et sans délai, sinon indirectement, en attendant plus ou mieux... Les anti-réunionistes voulaient échapper à la domination française à tout prix » (2). Sous les étiquettes de réunionistes et de non-réunionistes, il est facile de reconnaître ici les Wallons et les Flamands. Les premiers avaient un plan bien arrêté qui échoua par la faiblesse de Louis-Philippe. Les seconds qui n'avaient pas voulu d'une révolution *quand même*(3), dès qu'elle fut accomplie, s'attachèrent à l'aiguiller vers la conception d'un Etat fédératif « afin que les provinces belges, réellement indépendantes de toute influence étrangère, pussent espérer de se confédérer bientôt avec les provinces bataves, également débarrassées du pouvoir royal, et dans la suite avec les provinces rhénanes, détachées du vieux despotisme prussien » projet vague, inconsistant, empirique qui ne s'explique que comme une réponse et une protestation aux menées des partisans de la France.

---

(1) *Souvenirs* T. I, p. 112.
(2)   *Idem*   T. II, p. 259.
(3)   *Idem*   T. II, p. 249.

Somme toute, c'est le Gouvernement provisoire qui fut le grand coupable. Il commit la faute irréparable de ne pas décréter la forme du nouvel Etat dès le premier jour. En plaçant l'Europe devant le fait accompli, il eut eu partie gagnée. Il préféra se décharger de cette mission sur le Congrès National qui ne put se réunir qu'après que le premier enthousiasme était déjà éventé, que la diplomatie fut entrée en scène, et que les intrigues de Cour avaient pu commencer leur œuvre dissolvante. Mais peut-être le Gouvernement provisoire eut-il été bien embarrassé de s'accorder sur une formule ? La vérité est qu'il n'en avait aucune...

DEUXIÈME PARTIE

Le Conflit linguistique

I

Les Débuts du Mouvement flamand

Ayant reçu de l'Europe la mission de constituer une monarchie centralisée, les Belges, tout d'abord, s'y appliquèrent de leur mieux. La première condition d'un Etat centralisé, c'est l'unité de l'administration et du gouvernement. A ce moment, le flamand, dialecte germanique apparenté au bas-saxon, mais divisé lui-même en une infinité de patois locaux, était impropre à toute culture et à toute administration. Les régimes antérieurs l'avaient systématiquement négligé. L'Espagne et l'Autriche gouvernèrent le pays en français. Sous le royaume des Pays-Bas, on avait essayé d'identifier les dialectes thiois avec le néerlandais, mais les Flamands s'y étaient refusés par crainte du calvinisme. L'imposition du néerlandais fut d'ailleurs — sinon la principale cause de la révolution belge de 1830, — tout au moins le prétexte sur lequel les deux peuples étaient d'accord. Ce qui le prouve bien, c'est qu'au lendemain de cette révolution, alors qu'on ne modifie rien ou presque rien en d'autres matières, même en matière confessionnelle, on décide tout de suite que le français sera la langue officielle du nouvel Etat (1). Le flamand est écarté, à cause de l'extrême variété de ses dia-

____

(1) Décret du 16 novembre 1830.

lectes, et les chaires de langue et de littérature hollandaise sont supprimées par décret.

La Constitution, votée quelques mois plus tard par le Congrès National, réactionne déjà sur le décret du 16 novembre 1830. Son article 23 laisse à la loi le soin de fixer l'idiome officiel et se borne à proclamer l'usage facultatif des langues. Néanmoins l'arrêté du Gouvernement provisoire continue à régler la matière : le français reste seul la langue officielle (1).

Tout alla bien pendant quelque temps. Mais bientôt il se produisit deux phénomènes qui poussèrent peu à peu le gouvernement dans une voie nouvelle au bout de laquelle devait fatalement se réveiller le désaccord des races qui avait éclaté jadis au moyen-âge chaque fois qu'il y avait eu contact direct entre elles, et que l'espèce de fédéralisme, pratiqué sous les régimes espagnol et autrichien, avait endormi.

Le premier venait du clergé chez qui l'on pouvait constater un grand revirement. N'ayant plus à craindre l'hérésie néerlandaise, il se mit à trembler devant l'incrédulité française. D'autre part, pendant les quinze années de fusion avec l'Etat des Pays-Bas, toute une jeunesse avait pu être préparée dans les écoles hollandaises. Elle avait pris conscience de sa race. Elle s'était imprégnée d'idées orangistes. Vers 1840, elle entra dans la lice avec la volonté de les faire triompher. Elle avait pris pour devise : « ou Flamands avec les Belges, ou Néerlandais avec les Hollandais ». Elle créa le Mouvement flamand, qui n'avait jamais existé avant elle. C'était le dernier et périlleux cadeau que l'ancien royaume des Pays-Bas faisait à la Belgique, tout en se disloquant (2). Cette double action

----

(1) Ce n'est qu'en 1873 qu'une loi prescrira pour la première fois l'emploi obligatoire de la langue flamande en certaines circonstances déterminées.

(2) Dans son discours d'ouverture de l'année académique 1917-1918, M. le recteur Hoffmann, de l'Université de Gand, reconnaît le fait en ces termes : « Sans la période de 1815-1830, le Mouvement flamand ne serait peut-être pas né. »

n'aurait peut-être pas amené des résultats bien considérables
si l'un des deux grands partis politiques qui se partagent
l'opinion publique de ces provinces depuis la Réforme (1),
l'un se réclamant du libre-examen, l'autre professant la soumission à la discipline du dogme, ne se fut avisé de trouver
là une force qu'il entreprit d'entretenir et de développer.
Il chercha à s'en faire un appui. Ce fut l'œuvre du premier
ministère nettement catholique — au sens du mot où la
politique s'identifie avec l'esprit confessionnel — qui arriva
aux affaires en Belgique, vingt-cinq ans après la Révolution
de 1830. Le chef en fut M. Pierre De Decker. Ce fut ce même
ministère qui, sur un autre terrain — celui des couvents
auxquels il avait voulu abandonner toute l'organisation de
la charité publique — conduisit le pays à une crise grave où
la monarchie de Léopold Ier fut, un instant, à la veille de
sombrer.

Le Mouvement flamand — en tant que dirigé contre la
suprématie du français en Flandre — date donc du régime
belge. On n'en trouve guère de trace avant 1830. Il existait
bien, de-ci, de-là, un mouvement flamand plus ou moins
accusé parmi les linguistes et les littérateurs, mais il était
dirigé contre le néerlandais, et non contre le français,
et circonscrivait son activité sur le terrain purement dialectal.
Ruysbroeck et Van Maerlant étaient des écrivains vieux-fla-
mands. C'est dans ce sens qu'il faut interpréter le vers si
souvent cité de ce dernier : « *Ende omdat ic Vlaminc ben* ».
Quoique les deux peuples, Flamand et Hollandais, soient incontestablement tous deux de souche thioise, il y avait entre
eux, depuis le XVIe siècle, depuis que les uns étaient retournés
sous la domination espagnole, depuis que les autres avaient
su reconquérir leur indépendance, des désaccords politiques
et religieux qui se répercutaient parmi les linguistes et les

---

(1) Encore aujourd'hui le parti libéral est souvent appelé en Belgique *le
parti des Gueux*, expression empruntée au vocabulaire de la Révolution du
XVIe Sièle. De même que les catholiques sont encore dénommés *les papistes*
(de paepen, het papenras, etc.).

écrivains. Pendant longtemps, les langues flamande et hollandaise apparurent comme des langues distinctes, voire rivales, et les auteurs de par ici, sous l'influence du clergé local, défendaient jalousement leur autonomie. La fusion ne s'opéra que sous le régime belge, grâce à la fameuse commission officielle nommée en 1856 par le ministère De Decker, qui identifia définitivement le flamand avec le néerlandais (1).

De même sous la domination française de 1792 à 1815, de même sous le gouvernement hollandais de 1815 à 1830, il n'y a pas de mouvement flamand proprement dit. Sous ce dernier régime, Flamands et Wallons s'opposent d'un effort commun à la néerlandisation. Mais après 1830, quand la génération formée dans les écoles et les athénées de Guillaume Ier est mûre pour le combat de la vie, le mouvement flamand prend de jour en jour une tendance plus néerlandaise. Le gouvernement belge accepte cette tendance et l'encourage. Il commence par réaliser, grâce à la commission de 1856, l'unification du flamand et du hollandais. Cela fait, il ne reste plus qu'à élever le nouvel idiome au rang de langue officielle. Ce pas est bientôt franchi. Dès lors, c'est le ferment du dualisme installé au cœur même de la Belgique. Les conséquences ne vont pas tarder à se faire sentir : conflit des langues et des races, développement progressif de la conscience des deux peuples, incompatibilités de plus en plus apparentes, bref, tous les stades d'une désagrégation qui devait nécessairement aboutir à la séparation.

Au lendemain de la Révolution de 1830, la situation linguistique de la Belgique était la suivante : le néerlandais était tenu à l'écart, le flamand avec ses divers dialectes était im-

____

(1) Une première commission s'appela *Commission pour la recherche des griefs flamands*. On dit que l'art des hommes d'Etat consiste non à provoquer des problèmes, mais à les résoudre, sans trop de perturbation, dès qu'ils arrivent à maturité. Ici on va au devant du problème. On le suscite, on le crée, on se met à sa recherche. On devait d'autant plus facilement découvrir les griefs flamands qu'on brûlait sans doute du désir de les trouver.

propre à toute culture (1), le français était la langue des
hommes de lettres, des hommes politiques, de la sociabilité
et des affaires. Le problème de l'unité nationale par la langue
paraissait donc des plus aisé à résoudre. Le français fut adopté
comme langue officielle et la Constitution autorisa l'usage
facultatif des idiomes pour les particuliers.

Une telle disposition ne pouvait manquer de créer un état
plutôt anarchique. Dans la situation délicate où se trouvait
alors le nouveau royaume, il eût fallu comprendre que l'unité
de langage y était, plus qu'ailleurs, la base nécessaire d'une
nation solide et durable. Ce fut assurément la pensée des
premiers gouvernants de Belgique, mais il n'en est pas moins
vrai que c'est à l'abri de la faculté pour tout citoyen d'em-
ployer l'idiome de son choix que le mouvement flamand va
s'embusquer tout d'abord. Dans un pays bilingue, l'imposition d'une seule langue officielle est en contradiction avec le
principe du libre usage des langues. Il y avait là, dès le
début, une équivoque dont les ennemis du français allaient
profiter pour déclarer que leur « liberté » était violée. Ils
ne s'en firent pas faute. Le mouvement flamand s'annonça
dès 1834. Mais il était timide encore. Il se rendait compte
que l'opinion publique ne lui était pas favorable. Il commença par s'enfermer dans le domaine de la philologie pure.
Il sait que le flamand n'est qu'un patois, et que c'est là
le plus grand obstacle à sa reconnaissance officielle. Il va
dès lors travailler à le raboter, à le fixer, à lui imposer des
règles, une grammaire, une syntaxe, afin qu'il puisse un jour
obtenir ses lettres patentes et se dresser en face du français.
Les hommes qui le mènent, Willems, Hoffmann von Fallersleben, Snellaert, exécutent un plan habile et savant.

Autour de ces hommes se groupa une jeunesse sortie des
athénées du gouvernement des Pays-Bas, où, dès l'année 1829,
la langue néerlandaise avait atteint la rhétorique. Tous avaient

(1) Cfr. Hamelius. *Hist. du Mouvement flamand.*

reçu une éducation foncièrement néerlandaise ; tous étaient pénétrés de sentiments orangistes.

« Malgré sa chère maison d'Orange chassée de Belgique, dit Hamélius, l'Etat Néerlandais, son idéal politique, anéanti, et l'influence française prépondérante, Willems, conserva dans toute son énergie, sa foi dans la race néerlandaise. Il accepta la séparation avec les nombreux orangistes de Belgique, et reporta sur le langage, le seul débris de l'unité des Pays-Bas, son vieil amour pour la royauté et l'Etat Hollandais. »

Il considérait la rénovation de la langue flamande comme « basée sur la religion, la morale et le patriotisme et destinée à combattre l'invasion de la perversité française » (1).

Le gouvernement belge combla ces hommes de faveurs, de distinctions, de subsides. Sans doute espérait-il les gagner, ou tout au moins détourner vers les belles-lettres et la philologie, un courant qu'il jugeait dangereux pour l'unité nationale. Il eut le tort de ne pas comprendre que c'était précisément par la philologie qu'ils s'acheminaient vers leur but. « Willems et ses amis, dit encore Hamélius, ne considéraient l'érudition et la littérature que comme une porte ouverte sur l'esprit public et la vie officielle, comme un moyen de maintenir leur langue et de préparer son retour. Relever la race néerlandaise dans sa propre estime et chasser les idées étrangères avec la langue qui les avait apportées, restait le but final de leurs efforts. »

C'est vers cette époque que se créa, à Gand, la société : « De taal is gansch het volk » (C'est la langue qui fait le peuple), laquelle affirmait l'unité de la Hollande et de la Belgique et se proposait publiquement de repousser les Wallons comme étrangers. Cette société organisa un pétitionnement et mena une campagne qui en imposèrent à la faiblesse du gouvernement belge. Un arrêté royal de septembre 1836,

---

(1) Discours de Willems au Congrès de Bruxelles en 1844. C'était une riposte, non dépourvue d'habileté, à « l'hérésie hollandaise ».

nomma une commission de professeurs et d'écrivains, chargée de réglementer l'orthographe de la langue flamande. En acceptant ainsi de forger de propos délibéré, une seconde langue nationale, la Belgique, faisait le premier pas dans une voie au bout de laquelle il ne pouvait y avoir que la séparation des deux nationalités qui la composaient. Il appert de là que le flamingantisme, à ses débuts, est l'œuvre de quelques hommes avisés et patients qui ont fini par l'imposer victorieusement au gouvernement et à l'opinion.

Cependant, cette première commission ne formula que des conclusions indécises. Les règles grammaticales qu'elle prescrivit différaient encore sensiblement de celles de la langue néerlandaise. C'en fut assez cependant pour qu'au Parlement belge un député flamand, l'abbé De Foere, les dénonça avec indignation. Il déplora que le gouvernement s'était laissé égarer « par quelques intrigants, complices et créatures du régime déchu, avides de places et d'argent » (1). Mais le branle était donné. Les Congrès flamands se multiplièrent. D'abord les Flamands seuls pouvaient y assister. Bientôt les Hollandais furent conviés à venir y prendre part. Les Assemblées se tinrent alternativement en Hollande et en Belgique. Le programme du Congrès de 1848, portait : « Pour que ce qui est destiné par la nature à subsister ne soit pas troublé par des erreurs humaines, les sociétés de langue et de littérature de Gand, ont résolu de convoquer en cette ville un congrès néerlandais auquel sont invités tous les amis de la conscience et de la culture nationales. A ce congrès pourront être traitées toutes les questions se rapportant au maintien de la race néer-landaise ».

Le gouvernement belge avait l'habitude de se faire représenter à ces Congrès.

La question de l'orthographe resta en suspens jusqu'en 1856. La Belgique célébrait cette année-là le vingt-cinquième

---

(1) Annales parlementaires : 19 janvier 1844.

anniversaire de l'inauguration de sa dynastie. Les groupes flamands, par un coup d'éclat, refusèrent de s'associer aux fêtes, en déclarant qu'il ne leur convenait pas de glorifier une patrie où leurs droits étaient méconnus. M. De Decker se laissa émouvoir par cette attitude imprévue. Il proposa au Roi la nomination d'une nouvelle commission « dans le but d'aider au rétablissement de l'uniformité de la langue flamande ». Dans son rapport au Roi, le ministre disait : « Le gouvernement doit accorder sa protection à la culture de la langue flamande, qui est celle d'une grande partie des habitants du royaume, non seulement à titre de justice, mais encore à l'effet de rappeler les souvenirs glorieux des anciennes provinces de Belgique et de propager de plus en plus l'amour de la patrie ».

La Commission qui avait été nommée cette fois, ne comprenait que des littérateurs. Ils ne formulèrent aucune proposition sérieuse. Partis de l'idée que la législature était décidée à refuser leurs propositions quelles qu'elles fussent, ils décidèrent d'user de leur situation pour impressionner l'opinion publique et faire de l'agitation. Leur rapport fut un manifeste enflammé et agressif, que le ministre n'osa pas publier. C'est ce qu'attendaient ses auteurs. Ils portèrent des extraits de leur rapport à la presse, qui les accueillit, et commencèrent une campagne de meetings et de banquets.

Le cabinet libéral qui remplaça le ministère catholique publia enfin le rapport. Rogier, le successeur de De Decker, le fit suivre d'un contre-rapport. Rogier avait d'autres idées. Il était un des héros de la Révolution de 1830. Ce fut lui qui, à la tête de ses Liégeois, monta, tambour battant, les marches de l'Hôtel-de-Ville de Bruxelles, et bouscula des conseillers timorés qui se perdaient en tergiversations. Il avait lancé aussitôt le décret du Gouvernement Provisoire reconnaissant le français comme seule langue officielle en Belgique, attendu que « le flamand en usage parmi les habitants de certaines localités variait de province à province et parfois de district à district ».

Rogier, dans son contre-rapport, fit remarquer que le Gouvernement se trouvait devant un fait qu'il n'avait pas à apprécier, mais dont il devait tenir compte : c'est que les Flamands avaient eux-mêmes abandonné leur langue. Que le goût du peuple flamand pour la langue française fut un mal, c'était une question que les pouvoirs publics n'avaient ni à se poser, ni à trancher. L'intérêt des nombreux Wallons établis dans les Flandres, comme l'intérêt des Flandres à connaître une langue très répandue et très cultivée, s'ajoutaient aux raisons qui commandaient de maintenir le français comme seule langue officielle. Rogier reprocha en outre à la Commission « de louer dans le régime précédent, l'une des principales causes de sa chute », de manquer d'équité et de patriotisme et d'avoir émis des vœux « dont la réalisation était incompatible avec une organisation régulière quelconque ».

Les polémiques qui s'ouvrirent sur le contre-rapport de Rogier furent acerbes et violentes. De chaque côté, les contradicteurs firent comme au hasard, flèche de tout bois. D'une lettre ouverte adressée par un publiciste de l'époque, J.-B. Langlois, à M. Charles Rogier, nous relevons ce passage :

« Ah ! Monsieur, vous et vos collègues défendez une bien mauvaise cause. Du jour où nous parlerons tous français, nous pourrons être annexés à la France. Vous avez l'air d'en douter, mais je vous ferai observer que du moment où nous ne connaîtrons plus que le français, la littérature de nos voisins du Midi devient la nôtre, leurs mœurs s'implanteront chez nous avec leurs idées, et, au bout de quelques années, d'une branche de la grande famille germaine, des rejetons de cette fière race d'hommes libres du Nord, nous serons devenus des Romans, des hommes du Midi, chez lesquels le despotisme n'a, hélas ! que trop souvent triomphé. Vous pourrez peut-être me dire que le français est un foyer de lumières, mais

Monsieur, ce n'est pas du Midi que nous vient la lumière la plus vive. Vous qui ne parlez que le français, vous n'en voyez pas d'autre, mais nous, Flamands, Bas-Allemands, Germains d'en-deça du Rhin, nous avons une mine inépuisable de science dans les travaux de nos frères du Nord. Nous, les cadets, suivons leurs traces et c'est la voie qui convient aux peuples libres, aux hommes émancipés. Vous avez, je pense, rêvé quelque jour de fusionner Wallons et Flamands et de constituer ce que vous vous plaisez à nommer la famille belge. C'est une erreur, Monsieur. Il y a en Belgique deux familles bien distinctes... »

Ces arguments qui visaient la politique de Napoléon III au lendemain de l'annexion de Nice et de la Savoie et sous-entendaient la menace d'un sort pareil pour la Belgique, impressionnèrent les hommes politiques belges. Les flamingants (1) désertant les régions pures de la philologie et des belles-lettres avaient, en outre, entamé la lutte électorale. Dans certaines villes, ils s'étaient formés en associations politiques. A Anvers notamment, ils décidaient du sort de l'élection selon qu'ils se portaient à droite ou à gauche. Enfin, le gouvernement capitula. Un arrêté royal adopta « pour l'enseignement de la langue flamande dans les écoles et athénées de l'Etat, pour la correspondance administrative, pour la traduction en langue flamande des lois et arrêtés, et généralement pour tous les actes publics, le système suivi pour la rédaction du grand dictionnaire étymologique de la langue néerlandaise ».

« Lorsque les Flamingants, écrit M. le sénateur Tournay-Detilleux, faisaient montre d'exiger que des mesures fussent prises en vue

---

(1) On donne en Belgique le nom de *Flamingants* aux adeptes militants du Mouvement flamand qui s'attachent à réaliser l'unité linguistique de leur région. Ce mot, qui vient de ce que jadis le comté de Flandre relevant de l'ancienne monarchie française (la Flandre sous la couronne) se subdivisait en Flandre flamingante et en Flandre gallicane, a perdu toute propriété depuis que les « Flamingants » sont devenus en réalité des Néerlandisants. Aux Flamands qui font communément usage du français, on donne le nom de *fransquillons*.

d'assurer certains avantages à la langue flamande, il leur était
répondu avec d'autant plus de raison que l'argument était sans
réplique : ... « L'orthographe flamande varie de province à province,
varie même de commune à commune, des expressions consacrées
dans telles villes sont inconnues dans d'autres; la prononciation
même varie suivant les provinces. » Frappés de cette vérité, les
Flamingants voulurent trouver un moyen d'uniformiser la langue
flamande. Ils redigèrent des pétitions, organisèrent des meetings,
prononcèrent des discours afin d'obtenir du gouvernement que des
mesures fussent prises en vue de parer aux objections produites.
Le gouvernement céda aux pressantes sollicitations dont il était
l'objet, il céda d'autant plus facilement que les Wallons qui ne
prévoyaient pas alors la campagne qui allait suivre et dont ces
réclamations marquaient seulement le premier pas, demeuraient
absolument indifférents. Aucune voix discordante ne se fit entendre
soit dans la presse, soit dans les assemblées délibérantes. Aussi
le 25 janvier 1864, un arrêté royal nommait une Commission chargée
d'examiner la valeur des modifications introduites au système adopté
pour l'orthographe flamande et de rechercher les moyens les plus
propres pour arriver à son uniformité. Le 24 novembre 1864, les
règles fixées par cette Commission étaient adoptées par le gouvernement. » (1)

La soudure était faite. La langue flamande était identifiée
avec le néerlandais. Ou plutôt la langue flamande n'existait
plus. Elle était reniée comme une parente pauvre.

Cependant, on continua à croire à son existence et à l'appeler
la langue flamande. Sous des vêtements et des atours d'em-
prunt, on pouvait s'imaginer qu'elle continuait à régner sur
des régions où on l'avait aimée jadis pour ses qualités de
bonne fille, familière, rustique et sans façons. Un arrêté royal du
31 août 1887, décidant que *la langue néerlandaise* figurera désormais au programme des cours des écoles normales, lui
enleva enfin jusqu'à son nom...

Jean-Baptiste Nothomb, qui fut un des principaux acteurs
et l'historien considéré de la Révolution belge de 1830, avant
de devenir ministre de Belgique à Berlin, écrivait dans son
célèbre *Essai historique et politique* :

« Pour se constituer comme une puissance intelligente, faut-
il à la Belgique une langue qui lui soit propre ? Nous ne le

____

(1) *Le Flamingantisme*, Bruxelles 1896.

pensons pas, qu'elle adopte ouvertement la langue française...
Il lui faudra moins d'efforts pour s'approprier cette langue
que pour perfectionner le flamand. »

Perfectionner le flamand, voilà la tâche à laquelle le gouvernement belge s'est attelé depuis 1856. En le perfectionnant d'abord, en l'introduisant ensuite successivement à tous les degrés de l'enseignement, en l'élevant enfin au rang de langue officielle, le gouvernement belge a créé de ses propres mains ce dualisme dont la conséquence logique et naturelle ne peut être que la séparation administrative respectant, dans un même Etat fédéral, les deux autonomies conscientes de leurs différences, mais associées dans un but commun.

II

La création du patriotisme flamand

Tandis qu'à l'origine du mouvement flamand, les linguistes et les propagandistes s'occupaient, les uns d'épurer leur dialecte, les autres de l'introduire dans les administrations et dans la politique, toute une littérature naissait qui s'attachait à créer un patriotisme flamand. On compulsait les vieilles chroniques oubliées depuis des siècles dans la poussière des greniers; on s'appliquait à en extraire les exploits et les hauts faits et de les populariser afin d'insuffler un peu d'exaltation au cœur des foules. Le rayonnement du français parlé en Flandre par les classes aisées étant le principal obstacle à la diffusion du flamand, on entreprit de rappeler les anciens démêlés des communes du comté de Flandre avec la monarchie française, en s'attachant à leur donner un sens national, d'après nos idées modernes. De là, à représenter la France comme l'ennemie héréditaire de la Flandre et les « fransquillons » comme traîtres à leur patrie, il n'y avait qu'un pas.

Les vieilles luttes des métiers, au moyen-âge, contre un patriciat d'abbés, de noblions et de marchands enrichis, qui détenaient le monopole des fonctions publiques, et où intervenaient, tantôt d'un côté, tantôt de l'autre, les comtes et les rois suzerains légitimes de la Flandre, furent transformées en guerres de races et en conflits politiques. On se servit d'anciens différends d'ordre économique, de vieux démêlés sociaux disparus avec les époques, les institutions et les mœurs qui les avaient fait naître, on prétexta de querelles et de rencontres où le sentiment national n'avait rien à voir, pour faire croire à des luttes acharnées pour l'indépendance et la liberté politiques, qui sont des conceptions essentiellement modernes. Il y eut, au cours des siècles, des batailles fameuses entre la chevalerie française accourue au secours des patriciens flamands, et ceux que Froissart, ce Wallon de Valenciennes, appelait dans son langage imagé d'un nom que la bienséance nous empêche de rappeler ici. Il arriva même une fois que cette plèbe hargneuse, grouillante et mutinée, embusquée dans des prés coupés de haies et de fossés où la cavalerie ne pouvait évoluer ni se déployer, fit une véritable boucherie de chevaliers français. Cela eut lieu le 11 juillet 1302, aux environs de Courtrai. On ramassa sept cents éperons d'or sur le champ de bataille, et ce butin donna son nom à la journée.

Personne ne se souvenait plus de cette histoire. Ni sous le régime hollandais, ni sous le régime autrichien, on n'avait songé à en tirer la moindre vanité patriotique. Sous le régime belge, on se mit tout à coup à glorifier la bataille des Eperons d'Or à l'égal d'une victoire nationale. Ce fut l'œuvre de l'écrivain flamand Henri Conscience qui, dans son roman fameux : *Le Lion de Flandre*, exhuma cet épisode en le célébrant avec un lyrisme enflammé.

Chose étrange Conscience, ce grand éveilleur de l'âme et de la race flamandes, est né à Anvers, d'un père français, ancien marin de la flotte napoléonienne, et d'une mère flamande. C'est un phénomène fréquent en Belgique que des Wallons transférés en Flandre ou des Flamands immigrés en Wallonie sont, après une ou deux générations, complètement absorbés par leur milieu. Ils en acquièrent les mœurs, le caractère et la mentalité. De là vient que l'on rencontre tant de noms à consonnance française parmi les chefs du mouvement flamand, et, d'autre part, tant de noms à tournure néerlandaise ou germanique parmi les Wallonisants. C'est là un phénomène auquel les hommes bien intentionnés qui ont voulu créer « l'âme belge » n'ont pas assez réfléchi. Le Wallon ou le Flamand déraciné, transplanté dans la région opposée ne fait pas souche de Belge — selon la théorie que le « Belge » serait la combinaison de l'un et de l'autre — mais d'un Flamand ou d'un Wallon, selon l'ambiance. Ce qui prouve que le caractère des deux races est à ce point tranché que l'individu isolé est fatalement absorbé par le milieu.

Henri Conscience, par ses romans, créa et illustra l'histoire de la Flandre. Il donna à son peuple des parchemins et un état-civil. La journée du 11 juillet 1302 n'était pas, à vrai dire, sans signification. Elle constituait une des premières victoires de la démocratie — non pas au sens actuel du mot, car les petits furent peut-être la première victime de cette aventure — mais c'était la première fois qu'une bourgeoisie orgueilleuse et puissante se dressait en face du système féodal et portait un coup terrible à la coalition des seigneurs et des patriciens.

Conscience ne considéra pas l'affaire sous cet angle. Par un audacieux travestissement de l'histoire, il s'attacha à n'y faire voir qu'une victoire nationale sur l'esprit de conquête. Les *Matines Brugeoises,* où la populace flamande égorgea les Français au saut du lit, furent célébrées au même titre. Breydel et de Coninck, les doyens des métiers, qui avaient fomenté la rébellion, devinrent des héros nationaux. Artevelde. qui avait voulu vendre la Flandre au roi d'Angleterre, fut porté aux nues (1). Dans un autre roman, le *Conscrit,*

______

(1) On a trop perdu de vue en Belgique que les rébellions du comté de Flandre contre la monarchie française ne furent que des épisodes de la longue lutte de l'Angleterre contre la monarchie française qui désola le Moyen-Age. La Flandre, tributaire de l'Angleterre pour les matières premières de son in-

Conscience exalta la *Guerre des Paysans*, cette conspiration de ruraux, fomentée sous le Directoire, par le clergé, et qui, encore une fois, prit, sous sa plume, le caractère d'une campagne pour la conquête de l'indépendance du pays et de la liberté, — contre la France, l'éternel oppresseur.

Sans doute, la littérature flamande était dans son rôle en cherchant à créer un patriotisme flamand. Le gouvernement belge était-il dans le sien en encourageant ces tendances ? La Belgique était-elle si affermie, si homogène, si sûre d'elle-même et des autres, qu'on pouvait sans danger attiser les flammes dormantes des vieux particularismes ?

« L'histoire de la Belgique, disait déjà en 1856, E. Vandervin, auteur d'une histoire du comté de Hainaut, a été faite souvent dans ces derniers temps au point de vue étroit d'un antagonisme de race. On a poussé l'esprit de ce système jusqu'à n'y voir que le développement de deux éléments hostiles, l'élément tudesque et l'élément roman, et l'on a cru pouvoir expliquer le caractère des luttes, la variété des institutions dans notre pays par une simple question de langage. »

Cette interprétation de l'Histoire, qui date donc de l'époque où les premières revendications flamandes furent accueillies par le gouvernement belge, et contre laquelle les premiers historiens du régime, Moke, le chanoine de Haerne, le général Renard, Vandervin, etc., etc., protestaient au nom de l'unité nationale, a été portée, depuis, à son couronnement par une école nouvelle qui enseigna, aux acclamations des milieux offciels, que le peuple belge est un composé de romanisme et de germanisme : deux langues, deux races, deux civilisations.

Le principal théoricien de cette doctrine de la dualité de la population et de l'histoire de la Belgique a été le professeur Pirenne de l'Université de Gand, dont l'autorité en ces matières est considérable. Elève et disciple de l'historien

---

dustrie drapière, subit toujours l'ascendant de la politique des Plantagenets et des Tudors. Il est impossible de comprendre l'histoire de la Flandre sans la rattacher aux démêlés franco-anglais.

Karl Lamprecht de Leipzig, il a publié en 1899 à Gotha, dans la collection Heeren ünd Ukert : *Geschichte der Europaïschen staaten*, une Histoire de Belgique rédigée en allemand sous le titre *Geschichte Belgiëns*, dont le monde intellectuel belge avait adopté aussitôt les ingénieuses interprétations.

Voici comment il y explique la formation des deux races belges et leur persistance à traverser le temps et les événements sans se confondre : « Au début de l'histoire, les bassins de l'Escaut et de la Meuse étaient habités par des hommes de race celtique (Morins, Ménapiens, Nerviens, etc.). Ces tribus avaient occupé naguère les régions situées à l'Est du Rhin. Sous la poussée des Germains, ils avaient passé le fleuve... La domination romaine fit du Rhin une solide frontière d'Etat entre les Belges et les Germains. Mais ceux-ci se pressaient à la lisière du pays, prêts à profiter des faiblesses de leurs voisins pour s'emparer de leurs terres. Au IIIe siècle la population belgo-romane n'était plus en état de résister aux envahisseurs. Des tribus saxonnes et franques s'emparèrent des rives de la mer; les Francs-Saliens s'installèrent dans l'île des Bataves. Les guerres incessantes qui s'en suivirent avaient dépeuplé le territoire. La population abandonna aux Saliens les plaines de la Campine; de là ils se répandent dans les vallées de l'Escaut et de la Lys. Maîtres de la Campine, les Saliens ne tentèrent pas de gagner l'intérieur de la Gaule, en marchant par le Brabant directement vers le Sud. C'est qu'un obstacle infranchissable protégeait la population belgo-romaine contre un nouveau refoulement. A cette époque, la grande forêt charbonnière s'étendait des rives de l'Escaut aux plateaux de l'Ardenne. Elle retint les Francs dans les plaines de la Campine et des Flandres. A l'abri de cette forêt, au Nord, et du massif impénétrable de l'Ardenne à l'Est, les Celtés romanisés, conservèrent leur langue et leur caractère. Ces habitants que les Germains désignaient sous le nom de Walla, seraient les ancêtres des Wallons de Belgique. Aujourd'hui encore, après quatorze-cents ans, Flamands et Wallons occupent à peu près les positions conquises par leurs ancêtres au milieu du Ve siècle » (1).

Ce dualisme, que Rogier et les hommes de 1830 avaient essayé d'effacer par la romanisation intégrale du pays, le jugeant dangereux pour un Etat qui n'était en somme qu'une création artificielle de la diplomatie, fut tout à coup considéré comme un bienfait du ciel qu'il eut été impardonnable de laisser se perdre. Les premiers dirigeants de la politique belge s'étaient refusés à gouverner le pays, en le considerant comme un amalgame ou une juxtaposition de deux peuples distincts. Ils ne voulaient voir en Belgique que des Belges, et cherchaient précautionneusement à jeter le voile sur des distinctions d'origine, de caractère ou de tendances, dont la révélation ou le rappel leur paraissaient inopportuns.

Ces réserves ne furent plus observées dans la suite. Du langage des artistes et des écrivains, où ils servaient avant tout à distinguer des nuances de sensibilité ou des différences de vision esthétique, les mots de Flandre et de Wallonie passèrent dans celui des journalistes, des politiciens, des

---

(1) La persistance de la frontière des langues dans un pays où elle n'est marquée par aucun accident naturel ou géographique, a de tous temps, troublé les méditations des savants. A la vérité, cette frontière suit fidèlement le tracé d'une ancienne chaussée romaine qui allait de Cologne à la Mer, et fut connue au Moyen-Age sous le nom de chaussée de Brunehaut. Cette chaussée marquait, non la limite de la puissance romaine, mais celle de son action administrative et éducatrice. Au-delà s'étendaient les marécages et les fondrières du delta des fleuves. La Flandre est donc un pays insuffisamment romanisé. Les nombreux régimes étrangers que cette malheureuse contrée eut à subir depuis, ne songèrent jamais sérieusement à combler cette lacune. Le gouvernement belge l'aurait pu en 1830; nous dirons plus loin pourquoi il ne l'a pas fait. Il en résulte que, de nos jours encore, la Flandre continue à payer pour ses marécages et ses fondrières du temps des préfets d'Auguste.

C'est à tort qu'on s'est imaginé que la thèse de M. Pirenne était nouvelle. Il n'a fait que la reprendre aux historiens d'outre-Rhin qui, dès le début de la nation belge, enseignaient que dans l'histoire de Belgique, il ne s'agissait que de romanisme et de germanisme. C'est contre cette thèse que protestaient les premiers historiens nationaux. (Voir à ce sujet une étude du prof. STÉCHER dans la *Revue Trimestrielle* de Bruxelles, janvier 1856.)

hommes d'Etat. Ils figurèrent bientôt dans les harangues des personnages les plus haut placés (1). Enfin M. Pirenne vint qui donna au système un fondement historique, lui fournit un état-civil, et l'enrichit d'une longue série de parchemins flatteurs répartis sur les époques les plus diverses (2). L'histoire de Belgique qu'on s'était contenté jusque-là de puiser dans les récits modestes des fastes régionaux, devint l'histoire d'une partie de l'Allemagne et d'une partie de la France. On exalta un dualisme que les premiers éducateurs de la nation belge avaient mis un soin pieux à dissimuler. On s'avisa d'y trouver une force, une richesse qu'on entreprit de cultiver. On se complut à louer une hybridation où l'on voyait toutes sortes d'avantages chimériques, et à laquelle on n'était pas loin d'assigner, entre le monde germain et le monde latin, un rôle en quelque sorte providentiel.

De là les encouragements donnés aux tendances particularistes de la littérature flamande. Ainsi qu'il est dit dans le Rapport que M. De Decker adressait au roi, en 1856, le gouvernement se proposait « de propager de plus en plus l'amour de la patrie » en encourageant le rappel « des souvenirs glorieux des anciennes provinces de la Belgique ». A l'abri de cette protection, écrivains et propagandistes flamands s'attachèrent à créer un patriotisme flamand distinct du patriotisme belge et, au besoin, en opposition avec lui.

Il est certain qu'à mesure que l'influence des hommes de la Révolution de 1830 s'affaiblissait, une politique nouvelle

---

(1) Notamment dans le discours d'inauguration du roi Albert et dans sa proclamation à l'armée du 5 août 1914. Dans cette dernière, le Roi, pour exalter le courage des Flamands et des Wallons leur rappelait des faits d'héroïsme de leur histoire respective, où les uns combattirent contre les Français, les autres contre les Bourguignons. Eut-on fait autrement dans un Etat confédéré ?

(2) Dans un toast fort goûté adressé à M. Pirenne, à l'occasion de sa vingt-cinquième année de professorat, M. Léon Hennebicq disait : « A des aspirations de sentiment, vous avez apporté l'arme d'un système, et l'armure d'une doctrine. »

a prévalu en Belgique, qui était mue par la pensée que, pour répondre aux vœux d'une Europe qui avait constitué en 1830 la Belgique indépendante selon les vues de la Sainte-Alliance, il fallait veiller à diminuer l'influence française en Belgique. Dans ce but, on a cherché à éveiller la conscience du peuple flamand par la recherche de ses prétendus griefs, par la satisfaction successive de ses revendications de plus en plus exigeantes, par l'exaltation de son histoire officiellement encouragée, surtout dans ses parties où le prestige français pouvait en être atteint.

Les auteurs flamands étaient comblés d'honneurs, de gratifications, de sinécures. L'engouement fut tel qu'on entreprit de commémorer par le bronze et le marbre les événements et les hommes qu'ils avaient rappelés dans leurs œuvres. A Bruges, s'élevèrent les statues de Breydel et de Coninck, et l'on y envoya le roi Léopold II prononcer un grand discours le jour de leur inauguration. Artevelde eut son image sur une place publique de Gand. Le Limbourg et la province d'Anvers se couvrirent de monuments glorifiant la guérilla des rustres campinois contre les troupes de la Convention. Les ministres y allèrent débiter des harangues où ils donnaient ces paysans soulevés qui, comme le disait naguère M. Jules Destrée « fusillaient les petits soldats de la République au coin des routes » en exemple aux populations.

Willems, le créateur du *Mouvement flamand,* eut sa statue à Gand. La ville d'Anvers, non loin du monument qui rappelle le massacre des Français en 1582, a élevé une statue au poète flamand Théodore Van Ryswyck dont le prosélytisme particulariste fut singulièrement acerbe et violent. Aussi cette statue est-elle un vrai symbole.

Un critique généralement sympathique à la cause flamande, M. L. Van Keymeulen, disait à ce propos : « Après avoir lu l'œuvre de Van Ryswyck, on se demande ce qui justifie pareil honneur et la popularité qu'il consacre ».

« C'est ici, ajoute-t-il, le cas ou jamais de tenir compte
du milieu. »

En effet, Van Ryswyck n'avait reçu qu'une instruction élémentaire et il ne possédait pas même suffisamment sa langue
maternelle. Ses premiers contes en vers (*Eigenaardige Ver-
halen*) ne sont que des histoires d'almanach racontées dans
un style tour à tour trivial et ampoulé. Ses *Ballades* dans lesquelles il s'inspire de Schiller et de Burger sont meilleures,
sans valoir leurs modèles. Le sentiment est moins délicat et
le fantastique souvent puéril. Mais c'est dans ses *Refrains
politiques* et ses *Chansons populaires* qu'il a exhalé ses haines
et ses aspirations sous une forme originale et pittoresque.

En 1830, Van Ryswyck s'était enrôlé dans les rangs des
volontaires de l'indépendance belge. Il fut soldat, dit M. Van
Keymeulen, mais « un mauvais soldat, indiscipliné, turbulent
et poltron ». Plus tard, il vit avec regret, avec colère, les
Wallons diriger les affaires du pays.

Dès lors, il y eut pour lui, dans l'histoire nationale, deux
grandes dates : l'une, lumineuse, triomphante et bénie : 1815,
Waterloo, l'établissement du royaume des Pays-Bas ; l'autre,
noire, honteuse, maudite, 1830, la fondation de l'indépendance belge, la revanche des Latins.

Dans un petit poème consacré à la mémoire du général
Van Merlen, tombé à Waterloo dans les rangs de l'armée
néerlandaise, il s'écrie :

« L'étranger est monté sur le trône, le Flamand lui sert
de marchepied, à moins que, reniant sa langue et son origine,
il ne fasse alliance avec l'enfer. »

Il alla plus loin encore : en 1844, il entonna un dithyrambe
enthousiaste en l'honneur du général Chassé qui commandait
en 1831, la citadelle d'Anvers, dernier rempart de la domination hollandaise en Belgique, donnant ainsi le spectacle étrange
d'un poète chantant le soldat qui avait bombardé sa ville
natale, tandis que la ville d'Anvers a donné un spectacle

non moins étrange en élevant une statue au poète qui avait chanté ce soldat...

Mais, comme dit justement Van Keymeulen, il faut tenir compte du milieu (1).

Cependant, il faut le dire à leur louange, les écrivains flamands de Belgique n'ont jamais dissimulé leurs sentiments particularistes et leurs préférences néerlandaises. Nous avons sous les yeux une anthologie de poètes et de prosateurs agréée comme livre de lecture aux deux degrés de l'enseignement moyen, en usage dans les athénées de l'Etat, au moment de la guerre de 1914. C'est l'ouvrage *Poëzie en Proza*, de Pol Mont. Gand 1898.

Cet ouvrage débute par une quinzaine de poésies patriotiques empruntées à divers auteurs. Mais, comme on va le voir, il ne s'agit guère de patriotisme belge en cette affaire. Il n'est question que de la Flandre et de la Néerlande. On dirait vraiment que la Belgique n'a jamais existé. Les titres des pièces que nous nous bornons à traduire, indiquent assez l'esprit et les tendances de cette littérature :

1. *La Flandre par dessus tout !* de Hoffmann von Fallersleben.

2. *Je chéris tendrement ma Flandre !* de Théophile Coopman.

3. *En Flandre, il faut parler flamand*, de Frans de Cort.

4. *La Flandre*, de Théodore van Ryswyck.

7. *La Néerlande*, du même, qui commence par ces vers :

> « Qui veut savoir de nous
> Où se trouve la Néerlande?
> Est-ce aux bords de la Lys ou de la Nèthe?
> Aux rives de la Meuse ou du Rhin?
> La Néerlande est là, au Nord et au Sud,
> Où l'on parle le Néerlandais!...»

------

(1) Disons en passant que la ville d'Anvers refusa en 1895 le monument destiné à rappeler l'aide de l'armée française pour la délivrance de la cité en 1832, monument qui dut être finalement élevé à Tournai, où la municipalité offrit spontanément un emplacement à la suite de ce refus.

9. *Notre Patrie*, de Fred. Pieter Gissius Nanning, dont chaque strophe se termine par : « O Néerlande, notre chère patrie !... »

12. *La Chanson des Gars de Flandre*, d'Albrecht Rodenbach (qu'il ne faut pas confondre avec son cousin Georges, le poète belge de langue française, l'auteur de *Bruges la Morte*). Cette pièce se termine par ces deux vers : « Je veux venger mon père en répandant des fleuves de sang gaulois ».

14. *Jan Breydel*, de Frans de Cort (Jean Breydel est le doyen des bouchers de Bruges, grand abatteur de Français dans le roman de Conscience).

15. *Scilt en Vrint*, de Pol de Mont. (Il s'agit du mot de passe des « Mâtines Brugeoises ». Les Français qui ne pouvaient le prononcer avec l'accent du terroir, recevaient incontinent le coup de la mort.)

Un tel enseignement prédisposait naturellement à l'exaltation des sentiments particularistes et à la conscience des entités nationales distinctes. A s'en imprégner, les Flamands ne pouvaient que se sentir Flamands avant de se sentir Belges.

Il ne faut plus s'étonner dès lors, si, un jour, on les entend pousser le cri : « *Los van België* » (Qu'on nous délivre de la Belgique), tandis que les Wallons, excédés de ces glorifications intéressées où ils ont si peu de part, s'écrient : « Vive la séparation ! » (1)

L'idée que la Flandre est la victime de l'œuvre de 1830, qu'elle souffre sous le régime belge, est le thème courant de la littérature flamande. Dans la même anthologie, en usage dans les athénées de l'Etat et les collèges patronés, nous trouvons encore deux pièces fort significatives et propres à impressionner vivement les jeunes intelligences. L'une est de Antheunis, intitulée : « *Waakt* » (Veillez) : « Gars de Flan-

---

(1) Il est à noter que l'histoire des principautés wallonnes, le Hainaut et le Liège, était quasiment passée sous silence dans l'enseignement officiel belge. (Voir à ce sujet la lettre de M. Destrée au roi Albert.)

dre ! veillez ! on en veut à votre langue et l'ennemi approche ! ». L'autre, de Frans de Cort, a pour titre « *Flandre, ô Flandre !...* » « Et si nous devions être les derniers des flamingants, que la postérité en accuse d'autres de vous avoir ravi l'honneur, Flandre, ô Flandre !... »

Grâce à cette littérature officiellement encouragée et patronée, les Flamands se persuadaient de plus en plus qu'en 1830, ils avaient été victimes d'une grande spoliation, lorsqu'on les avait séparés de la Hollande. « La Hollande est notre mère ! », s'écriait le poète Prudens Van Duyse (1). Le gouvernement laissait pénétrer ces idées dans les écoles, preuve que, sans doute, il était lui-même convaincu de leur vérité et de l'utilité de les répandre.

Dans le Manuel d'Histoire de la Littérature Néerlandaise, de M. A. Bielen, en usage dans les athénées du royaume et approuvé par le Conseil de perfectionnement de l'Enseignement moyen, les écrivains flamands sont qualifiés de « sud-néerlandais » (Zuidnederlanders).

L'indigence significative de la littérature flamande sous le royaume des Pays-Bas s'y trouve expliquée comme suit (p. 68) : « On remarquera que depuis quelque temps nous n'avons plus eu d'écrivains sud-néerlandais à signaler. La raison en est qu'en Belgique, le français est devenu prépondérant et que les Fransquillons mettaient tout en œuvre pour discréditer la langue populaire, une regrettable tendance qui devait conduire à la séparation du Nord et du Sud ».

De tels enseignements devaient naturellement porter leurs fruits, d'autant plus qu'ils étaient corroborés, de temps à autre, par des paroles qui tombaient du haut de la tribune parlementaire, où, en 1913, lors de la discussion de la loi mili-

---

(1) Le poète Prudens Van Duyse a sa statue à Termonde, petite ville de la Flandre Orientale. Toute la partie flamande de la Belgique regorge ainsi de monuments officiels qui rappellent la lutte pour l'autonomie de la race et de la langue.

taire, on entendit qualifier les hommes de 1830 (par M. Borginon, notamment), de « traîtres à la cause flamande », sans qu'une protestation s'élevât au banc du gouvernement.

C'est ainsi que la nationalité flamande a pu si rapidedement prendre conscience d'elle-même. Nous sommes loin de lui en faire un reproche. Dès le premier jour, les Flamands avaient un but. Ils n'ont jamais dévié de leur route. Ils l'ont poursuivie avec une ténacité et une adresse incroyables. Ils ont eu surtout la suprême habileté de se servir d'un gouvernement qui, non sans naïveté peut-être, voyait dans le patriotisme flamand, la pierre angulaire du patriotisme belge.

III

Le Pan-Néerlandisme

Depuis une trentaine d'années, le mouvement flamand a résolument fusionné avec le pan-néerlandisme. Les flamingants de Belgique se sont intitulés : « Néerlandais du Sud ». Le mot Flandre lui-même qu'ils avaient porté si haut dans leurs évocations historiques, disparaît pour faire place à celui de « Zuidnederland ». Ils tendent la main à leurs frères du Nord, se jugeant enfants de même race et collaborant à la même œuvre : « la Grande Néerlande ». Le pan-néerlandisme, le dernier venu dans le système de la conglomération des peuples de même race, poursuit l'unité de tous les peuples de souche néerlandaise : Flamands de Belgique et du Nord de la France, Hollandais, Transvaaliens et Néerlandais dispersés dans les colonies. On évalue leur nombre à 9 millions, dont 5 millions en Hollande, 3 1/2 millions en Belgique flamande, 150,000 en Flandre française, 50,000 dans les colonies et 300,000 dans l'Afrique du Sud.

Il est à remarquer qu'il fut un temps où le mouvement flamand essaya de s'orienter vers le *plattdeutsch*, et même vers le *hochdeutsch*. Mais les efforts faits en ce sens ne purent aboutir. D'ailleurs, J. F. Willems, le père et l'initiateur

du mouvement flamand, disait déjà de son temps : « Nous ne
nous connaissons pas nous-mêmes ».

Vers la même époque, un autre écrivain flamand notoire,
Delcourt, essaya de fusionner sous le nom de Bas-Saxon,
tous les dialectes germaniques parlés de Dunkerque à Kœnigs-
berg. Flamands, Hollandais, Frisons, Meklembourgeois, Po-
méraniens, Westphaliens, Bas-Rhénans et Holsteinois devaient
céder qui une voyelle, qui une consonne, qui un accent, qui
une diphtongue, pour réaliser une unité orthographique qui
aurait amené à cette littérature seize millions de lecteurs.

Ce besoin d'une langue internationale fit que les Flamands
se tournèrent même vers le haut-allemand. Vermeire en proposa formellement l'adoption. Le haut-allemand, à l'entendre,
se grefferait facilement sur les patois flamands et serait bien
plus utile que le hollandais pour les études et pour les affaires.
Cette proposition reçut l'appui des théoriciens de la presse,
mais elle heurtait les sentiments d'une population qu'aucun
lien historique n'avait jamais rattaché à l'Allemagne.

Un flamand égaré en wallonie, J. Stecher, membre de l'Académie de Belgique et professeur à l'Université de Liége,
constatait déjà en 1856, trois moments « dans les efforts qui
se sont faits depuis 1830 pour réveiller le goût des choses
flamandes ». « Ce fut d'abord, écrit-il, un cri de haine à la
France, voire même à la Wallonie; mais la haine quand elle
est violente et sans raison ne dure pas. Vint alors la *teutomanie*
qu'on me pardonne ce nom. On ne jura que par Arminius
et Tuiscon; on crut que l'étoile du Nord était notre étoile,
et il n'y avait vraiment que le dieu Rhin pour nous sauver des
enchantements des divinités de la Seine. »

L'ardeur inévitable du prosélytisme a souvent fait dépasser
la mesure, et, l'exaltation du tempérament local aidant, nombre
de flamingants faisaient volontiers parade de sentiments ger-
manophiles. M. Camille Huysmans disait naguère : « Si nous
avions besoin d'une langue étrangère ce n'est pas le français
que nous devrions apprendre, mais l'allemand ». Ce sera peut-

être vrai le jour où la Flandre sera définitivement séparée de la Wallonie. Mais aussi longtemps que les deux peuples partageront des destinées politiques communes, il y a un intérêt «belge» évident à ce que les Flamands, donnent comme seconde langue la préférence au français.

Cette exagération de prosélytisme, le poète flamand Albrecht Rodenbach (1), l'exprima un jour dans le seul poème de langue française qu'il ait écrit et qu'il adressa à son cousin Georges Rodenbach, l'écrivain français de *Bruges la Morte :*

> « Aujourd'hui dans l'ardeur de ma jeune jouvence,
> Je maudis et l'Idée et la Muse de France,
> Sentant, moi, pour doubler ma haine de Flamand,
> Soudre encore en mon cœur notre sang allemand. »

La néerlandisation l'emporta enfin. Elle avait le grand avantage de mériter les encouragements du gouvernement belge qui n'en prenait pas ombrage. Il consentit même à créer une Académie flamande pour mieux lui faciliter les voies. Tout alla si bien qu'au XXIᵉ Congrès tenu à Gand, le prêtre-poète H. Claeys, auquel l'Université de Louvain avait décerné le titre de docteur *honoris causa* en reconnaissance de ses mérites littéraires, put s'écrier : « Nous, Néerlandais du Nord et du Sud, nous ne formons qu'un seul peuple, par la race et la naissance, par ce qui constitue l'âme de la nation, la nation elle-même : la langue ».

L'intérêt du gouvernement hollandais à favoriser la propagande flamande en Belgique, tant qu'il était d'ordre purement littéraire et intellectuel, ne paraissait offusquer personne. Les adeptes de l'*Algemeen Nederlandsch Verbond* ne faisaient aucune incursion sur le terrain politique, mais ils laissaient voir de temps à autre que leurs préoccupations, leur activité et leur idéal s'y rattachaient plus ou moins étroitement. « Com-

(1) Le poète Albrecht Rodenbach a sa statue à Roulers, ville de la Flandre Occidentale.

bien de temps encore, disait M. Prayon Van Zuylen, la
Hollande pourrait-elle rester foncièrement hollandaise si la
Flandre un jour était définitivement francisée ? L'avenir de
la nationalité néerlandaise en Europe est subordonnée au triomphe du mouvement flamand » (1).

L'association ne cachait pas son but de réaliser la «Grande
Néerlande » par la néerlandisation linguistique et spirituelle
de la Flandre. Dans les congrès littérateurs « du Nord et du
du Sud » fraternisaient le verre à la main. Les plus décidés
du groupe se proclamaient « Flamands avant d'être Belges »
et « Néerlandais avant d'être Flamands ».

Au mois d'avril 1914, au lendemain d'un congrès d'étudiants affiliés à l'A. N. V., le journal *Le Soir*, de Bruxelles,
écrivait ce qui suit :

« La Grande-Néerlande groupe sous son drapeau des étudiants de
Leyde, Utrecht, Rotterdam, Anvers, Liége, Louvain et Bruxelles.
Dans son discours d'ouverture, le président a exprimé l'avis que la
Flandre n'est pas perdue pour la Grande Néerlande. Tous les orateurs
ont appelé la Flandre la Néerlande du Sud. Un professeur hollandais,
M. Colenbrander, a fait une conférence sur l'année 1814, où il a exalté
l'unité intellectuelle de la Hollande et de la Belgique flamande. D'au-
tres orateurs ont affirmé à tout propos que les Flamands sont des
Néerlandais. On a chanté le *Vlaamsch Leeuw* et le *Wilhelm Van
Nassauen*. Pas de *Brabançonne*, naturellement.

» En résumé, ce congrès fut bien celui de la Grande-Néerlande. La
Belgique en était absente. Pas un mot d'elle. Ces étudiants flamands
de Liége, Louvain, Anvers, Gand, sont-ils encore Belges? Ils ne sont
plus que Flamands, ou mieux Néerlandais. »

L'action militante du pan-néerlandisme est préparée, dirigée
et coordonnée dans le monde par une vaste association, l'*Algemeen Nederland Verbond* (l'Association Générale Néerlan-

___

(1) Dès 1849, une association appelée le *Taelverbond* adressa un appel aux
littérateurs de Belgique et de Hollande, où il est dit : « Il ne peut échapper à
personne qu'un changement s'opère dans la vie des peuples de l'Europe
entière. Les Pays-Bas concourent à ce mouvement tout autant que la
Scandinavie, les Etats Autrichiens, l'Allemagne et l'Italie. Les subdivisions
de l'antique cercle de Bourgogne travaillent, chacune à sa manière, au profit
de l'esprit de la Néerlande. »

daise), dont le siège est à Dordrecht. Son comité international comprend cinq délégués belges, cinq délégués hollandais et quatre délégués pour l'Afrique du Sud. Il se réunit alternativement à Dordrecht et à Anvers. Des sous-comités de cette association ont été institués dans la plupart des villes de la Belgique flamande, et même, chose étrange, jusqu'en Wallonie. Certains de ces sous-comités étaient avant la guerre subventionnés par les municipalités flamandes. Ils surveillaient l'application des lois sur l'emploi des langues en Belgique, dénonçaient de prétendus abus aux ministres qui acceptaient leurs observations, ordonnaient des enquêtes sur leurs dénonciations et correspondaient avec eux (1). La soumission relative des ministres belges au contrôle d'une association étrangère, n'est pas le fait le moins singulier de l'histoire que nous retraçons en ce moment.

Le but de cette association, d'après les statuts adoptés par un arrêté royal du gouvernement hollandais, du 13 juin 1898, est ainsi défini : « Réveiller chez tous les Néerlandais, en quelque lieu qu'ils habitent, la conscience de l'unité de race ; maintenir et répandre la langue néerlandaise; développer le commerce néerlandais; soutenir l'enseignement néerlandais et la librairie néerlandaise à l'étranger; fortifier le sentiment national néerlandais chez tous les peuples de souche néerlandaise ».

Dans le budget de cette association pour 1910 nous avons relevé une subvention annuelle du gouvernement hollandais de 3,600 florins, dont 200 florins étaient cédés au fonds de propagande pour la néerlandisation de l'Université de Gand. Le 1er mai 1910, l'Association comprenait 12,794 membres dont 2,000 environ recrutés en Belgique.

On a souvent confondu le mouvement flamand avec le pangermanisme et l'on y a vu une sorte de prolongement de

______

(1) Voir notamment une lettre de M. Helleputte, ministre des chemins de fer du 4 janvier 1910.

celui-ci. Le pan-néerlandisme poursuit un but en soi. En Flandre, il lutte contre l'influence française. Dans l'Est de la Hollande, il s'oppose à la pénétration germanique et l'*Algemeen Nederlandsch Verbond* a obtenu, dans le Limbourg, que les prêches du clergé local, qui y avaient lieu en dialecte « plattdeutsch », se fissent désormais en néerlandais. De même, en Afrique du Sud, ses efforts s'emploient à maintenir les droits de la langue néerlandaise en face de l'anglais.

Si en Flandre, pour tout bon « Néerlandais du Sud », le français est nécessairement l'ennemi et la France la nation funeste dont il faut détruire l'influence et la puissance de rayonnement, il faut bien se rendre compte que nous n'avons pas affaire ici à une haine de peuple à peuple, mais simplement à un système.

Au cours d'une enquête instituée en octobre 1912 par l'Institut Sociologique de Bruxelles, l'abbé Hugo Verriest, littérateur flamand de grand nom, faisait les déclarations suivantes :

« Tandis que l'aisance augmente dans le village, les habitants les plus fortunés envoient leurs enfants dans les pensionnats où l'on apprend le français. A leur retour, ces parents sont fiers de voir que leurs garçons et leurs filles peuvent lire les factures françaises envoyées de la ville, les communications des administrations, etc. Le français a gardé un grand prestige et le désir de l'apprendre est vif. » Et ailleurs : « Nos paysans désirent apprendre le français; ils le savent quand ils ont été travailler en France ».

C'est contre de telles prédispositions et de telles tendances que le pan-néerlandisme s'efforçait de réagir ici, estimant au rebours des dirigeants belges — et peut-être non sans raison, — que le bilinguisme est faiblesse, surtout dans les classes inférieures de la société où les loisirs font défaut pour l'étude suffisante de deux idiomes.

« La culture et la langue françaises, écrivait M. Louis

Franck (1) dans le *Ralliement* du 5 juin 1907, nous inspirent une vraie admiration. Mais nous ne poussons point cette admiration jusqu'à oublier que la culture allemande et la culture anglaise ont une égale valeur. Nous considérons que nous avons autant à apprendre à Londres et à Berlin qu'à Paris, et qu'en tout cas il est impossible de relever moralement et intellectuellement les provinces flamandes si ce n'est par et au moyen de leur langue nationale. »

Cependant, même à l'heure actuelle, tous les flamingants ne sont pas ralliés à la néerlandisation. Tout récemment un journal dut accueillir une série d'articles de protestation contre les tendances pan-néerlandistes qu'affectait le mouvement flamand. « Si, disait l'auteur, la Flandre devait jamais former un Etat séparé, quelle langue y parlerait-on ? Ce ne serait certes pas le néerlandais, mais la langue même du pays, c'est-à-dire, le flamand qu'on a sottement laissé dépérir et dont, avec un peu de bonne volonté, on eut pu tirer, de son propre fonds, une excellente langue littéraire, comme le prouvent les œuvres de Ruysbroeck l'Admirable, qui écrivit en vieux-flamand et non en néerlandais. »

Des protestataires aussi, ce sont les patoisants qui, depuis quelques années, se sont remis à écrire des livres en dialectes west-flamands, brabançons et limbourgeois. Le néerlandais, à leurs yeux, est « une langue livresque et guindée, torturée dans son corset officiel et ornée de loques étrangères ». Ce sont généralement des prêtres ou de fervents catholiques qui sont à la tête de ce mouvement. Ils redoutent dans la néerlandisation des Flandres un instrument de conquête calviniste. Ils taxent le hollandais de « langue hérétique » et de « flamand impie ».

Toutefois, ces dissidents particularistes sont noyés aujourd'hui dans la grande masse des néerlandisants.

----

(1) Député libéral d'Anvers. Un des chefs du Mouvement politique flamand avant la guerre.

Désormais il ne faut plus guère se faire d'illusion. La néerlandisation a partie gagnée dans les Flandres. Le fait le plus continu de l'histoire de la Belgique moderne est l'emprise progressive de ce mouvement sur l'administration et la législation du pays.

Aujourd'hui, tous les Belges vivent dans la certitude que leur pays n'est qu'un agglomérat de deux nationalités profondément différentes de mœurs, de sentiments, de langage et d'opinions. « La Belgique n'est plus Belgique que pour les étrangers. Tous les Belges se disent Wallons ou Flamingants. » (1) A la Chambre même, on n'en faisait plus mystère et le temps était passé où l'on s'ingéniait encore à y dissimuler les contrastes. « L'honorable M. Destrée et moi, disait M. Camille Huysmans le 23 mai 1913, nous avons défendu l'idée que si la Belgique constitue une nation, elle est composée de deux nationalités distinctes... Les nationalités flamande et wallonne ont besoin de l'autonomie de culture. Cette autonomie de culture nous la réclamons pour les Wallons, mais nous la voulons également entière et complète pour la Flandre. »

---

(1) MAURICE GAUCHEZ, *Belgique artistique et littéraire*, n° du 15 juillet 1913.

IV

Le Bilinguisme

Rogier, en 1861, avait été remplacé au ministère de l'Intérieur par Alph. Van den Peereboom, député d'Ypres, qui devait son élection à l'appui des flamingants. C'est sous son administration que la langue flamande fut assimilée au néerlandais. Mais ce ne fut qu'en 1898, par la loi De Vriendt, qu'elle fut enfin adoptée comme langue officielle, à l'égal du français. Entretemps, elle avait été introduite dans la pratique judiciaire et administrative en Flandre, mais seulement à l'état de traduction. En cas de divergence d'interprétation — ce qui arrivait fréquemment en raison de l'instabilité de la langue flamande — le texte français seul faisait foi. Jusqu'en 1870, les débats des conseils municipaux, même dans les plus petites villes des Flandres, se faisaient en français. Cet usage disparut, et le flamand fut imposé partout. Mais alors on se trouva devant des difficultés d'application : les fonctionnaires flamands ignoraient la langue néerlandaise écrite. Ils étaient condamnés à prononcer des réquisitoires et des jugements, à rédiger des rapports et des actes dans une langue qu'ils n'avaient jamais parlée, que ni le collège, ni l'Université ne leur avaient apprise. Qu'à cela ne tienne : on néerlandisera l'enseignement. Il fut décidé que la langue néerlandaise serait langue « véhiculaire » dans les sections préparatoires des écoles moyennes et dans les classes inférieures des athénées et que cinq cours se donneraient en flamand jusqu'en rhétorique. On avait mis le doigt dans l'engrenage; l'organisme allait bientôt y passer tout entier.

Il est à remarquer que la Constitution belge garantit l'usage facultatif des langues. En violation de ce principe, on contraignit les enfants nés de parents flamands à suivre les cours du régime flamand, alors même qu'ils eussent demandé de fréquenter les cours du régime français. Un tel système anticipait sur les réalités en présumant que la Belgique était un pays bilingue au sein d'un Etat composé de deux régions respectivement unilingues. Ce n'était encore là qu'un idéal flamingant, mais le gouvernement et les Chambres se prêtaient déjà docilement à sa réalisation...

Le plan avait été longuement et savamment poursuivi. Une première loi avait été obtenue en 1883. Jusque-là l'enseignement secondaire dans toute la Belgique se donnait en français. Désormais il y eut en Flandre des sections flamandes et des sections françaises. Le père de famille devait être libre du choix de la section où il ferait inscrire son enfant. La loi respectait donc le principe de la liberté. Mais elle fut appliquée, par le gouvernement catholique arrivé au pouvoir en 1884, dans un esprit contraire à celui que révélaient les travaux préparatoires. En fait, les sections françaises furent rares; ensuite, on n'autorisait à les fréquenter que les Wallons d'origine.

Cette pratique vicieuse fut consacrée définitivement par la loi Franck-Segers de 1910. Ce qui n'était qu'un abus administratif devint la loi elle-même. Seuls les enfants nés en Wallonie, ou dont l'un des parents est Wallon, pouvaient être admis dans les sections françaises *pour autant qu'il en existât*. Le droit du père de famille était supprimé; la flamandisation devint obligatoire dès la seconde génération. Pour couronner cette œuvre, il ne restait qu'à remplacer l'Université française de Gand par une Université flamande (1).

Une fois que le flamand néerlandisé fut proclamé langue officielle, on crut que le mouvement flamand allait désarmer. N'avait-il pas obtenu tout ce qu'il désirait ? Le principe de « l'égalité des langues » était satisfait, puisqu'au flamand étaient reconnus les mêmes droits qu'au français. On s'aperçut alors que ce principe comportait d'autres combinaisons avec lesquelles on avait négligé de compter. Il restait maintenant à bouter le français hors de Flandre.

Il fallait que les bourgeois flamands cessassent de troubler l'unité nationale en Flandre, en continuant de parler une langue étrangère. Le principe de l'égalité des langues exigeait que le pays flamand devint une région unilingue comme l'était la Wallonie. Un « conseil national flamand » avait fixé comme suit, les revendications du parti en matière d'enseignement.

1° Université flamande à Gand ;
2° Langue véhiculaire de l'enseignement moyen : exclusivement le flamand ;
3° Le Conservatoire de Gand doit devenir flamand ;
4° L'Institut de Commerce d'Anvers doit devenir flamand ;
5° Ecoles de navigation : flamandes ;
6° Ecoles d'ngriculture et vétérinaire : flamandes ;
7° Les subventions gouvernementales ne pourront être accordées qu'aux écoles flamandes.

En un mot : tout en Flandre sera flamand. On s'aperçut de cette interprétation du principe de l'égalité des langues, lorsque

---

(1) Signalons ici en passant un nouveau méfait de la centralisation. Une loi de 1883 avait décidé qu'en pays flamand les langues germaniques seraient enseignées en flamand dans l'enseignement secondaire, ainsi que deux autres cours dont la désignation était laissée au gouvernement. L'année suivante un ministère catholico-flamingant vint au pouvoir et les *deux* cours qu'il désigna furent : l'*histoire* et la *géographie*, réunies sous une seule rubrique, et les *sciences naturelles* comprenant la botanique, la zoologie, la physique, la chimie et la géologie, en réalité donc *toutes* les branches enseignées sauf les mathématiques !...

les chefs du mouvement demandèrent la néerlandisation de l'Université de Gand. On accepta de leur accorder satisfaction, en leur offrant une université à leur usage à Bruges ou à Anvers. Ils refusèrent. Ce qu'il leur fallait, c'était la défénestration du français à l'Université de Gand et l'intrônisation du néerlandais en ses lieu et place. Le gouvernement belge se montra disposé à passer par ces exigences qui, fatalement, devaient conduire à la séparation politique.

C'était le renversement des traditions nationales et des droits acquis. Le professeur Kurth lui-même, dont les sentiments flamingants étaient notoires, n'avait pas hésité à reconnaître que « dès le XIIIᵉ siècle, le français était en Flandre comme une nouvelle langue maternelle, ou, si l'on veut, une seconde langue nationale d'ordre plus relevé que la première, et qui était considérée comme la vraie langue de la bonne société et des gens cultivés ». C'est cette situation de fait qui s'était maintenue depuis six cents ans, c'est cette situation, toujours respectée malgré tant de régimes divers, que M. de Broqueville accepta de faire cesser en souscrivant à la néerlandisation de l'Université de Gand, c'est-à-dire à une mesure qui devait destituer le français de son rang de « langue de la bonne société et des gens cultivés ». (1)

Au point où en étaient arrivées les choses la création d'une université flamande pouvait cependant être difficilement refusée. C'était le couronnement de l'intrônisation de la seconde langue nationale, et la conséquence obligée du principe de l'égalité des langues. Le flamand avait été introduit progressivement à tous les degrés de l'enseignement secondaire. Il venait d'atteindre la rhétorique. Il devait pénétrer enfin dans le programme des études supérieures. Une telle université n'eut guère recruté d'élèves, aussi longtemps qu'eut subsisté à côté d'elle l'université française de Gand, et que les diplômes con-

---

(1) Dans son discours de Turnhout, en 1914, M. de Broqueville, promit à es électeurs la flamandisation de l'Université gantoise.

férés par celle-ci continuassent à être reconnus valables pour l'exercice des professions afférentes en Flandre. Les flamingants avaient prévu cet écueil. L'obstacle à la néerlandisation intégrale des classes cultivées, en Flandre, était l'Université française de Gand. Elle devait disparaître. L'Université flamande ne pouvait s'élever que sur ses ruines.

C'était donc la destitution définitive du français, en Flandre, comme langue de culture et de sociabilité. C'était aussi la fin de l'unité belge. « La fusion des races, disait le professeur Brachet, n'existe en Belgique que dans les classes cultivées de la population, et personne ne peut contester que cette fusion s'est faite par le français et grâce à lui. »

C'est à ce moment qu'un péril plus direct menaça la Wallonie jusque-là assez indifférente. Ce péril était l'invasion du flamand en Wallonie demandée par un groupe nouveau qui rêvait la formation d'une « âme belge » fondée sur le « bilinguisme ». C'étaient, pour la plupart, d'aimables dillettanti de la parole et de la plume, qui se proposaient de tout concilier et qui, en réalité, ont tout compromis. A les entendre, « l'âme belge » devait être le produit d'une double culture germanolatine. L'unité nationale devait être cherchée dans la formation d'un type nouveau : « le Belge complet »; le Belge bilingue qui allait résumer en lui les vertus quintessenciées des deux races. Dans un pays qui avait l'heureuse fortune de posséder deux langues nationales, chaque citoyen devait les connaître toutes deux et les pratiquer couramment. Le bilinguisme généralisé serait le ciment et l'ossature de la nation. C'était, en somme, la formule des Flamands francisés. Ils n'avaient pas trouvé autre chose, pour se défendre contre le mouvement flamand, que de l'introduire en Wallonie. Depuis trente ans, les Flamands francisés conduisaient l'Etat et fournissaient presque exclusivement le personnel ministériel. Il n'est donc pas étonnant qu'ils aient fini par se proposer euxmêmes comme modèles, en demandant aux Wallons de se faire une âme à leur image.

Cette solution qui dénotait une méconnaissance presque enfantine des hommes et des faits, avait le tort grave d'être la plus difficile à appliquer de toutes celles qui pouvaient se présenter. Il n'est pas d'exemple d'un Etat qui ait fondé son unité nationale sur semblable diglotisme. Certains pays, il est vrai, possèdent plusieurs langues nationales, mais les régions prises individuellement sont unilingues. La Flandre présente, depuis des siècles, le spectacle assurément peu ordinaire d'une contrée où deux idiomes se superposent au point qu'une conversation s'y poursuit tour à tour en français et en flamand, sans même parfois que les interlocuteurs s'en rendent compte.

Au cours d'une enquête ouverte par la *Revue de Belgique*, en novembre 1902, sur la réforme de l'enseignement moyen, M. Edmond Picard fixa le nouveau programme : « Le flamand et le français contribuent à faire de nous une nation spéciale, à former « l'âme belge ». Il y a lieu de les enseigner opiniâtrement et pieusement tous deux en se préoccupant moins de leur utilité pratique que de « leur force originalisante. L'originalité est le réservoir de l'énergie et de la beauté d'un peuple ».

Telles étaient les pensées directrices d'une partie du monde intellectuel belge qui oubliait apparemment que la tendance des métis est de cumuler plutôt les défauts de leurs générateurs que leurs qualités.

Dès le premier jour, le bilinguisme se heurta à une double résistance qu'il n'avait pas prévue. D'une part, les flamingants, sur le point de chasser le français de leur territoire, y virent un retour offensif de leur ennemie. D'autre part, les Wallons qui n'étaient pas comme les Flamands, à la recherche d'une langue internationale et à qui on voulait imposer un second idiome, se trouvèrent inopinément entraînés dans une querelle qu'ils avaient ignorée jusque-là.

Dans la conception nouvelle, le français étant la « seconde langue » des Flandres, le flamand devait devenir la « seconde langue » de Wallonie. La première proposition reposait sur une situation de fait consacrée par une pratique de plusieurs siècles. La seconde visait une situation à créer, et qui ne pouvait l'être que par la contrainte.

C'était assurément une conception saugrenue et vexatoire que de vouloir imposer la connaissance du flamand aux Wallons. Ils n'ont besoin de cette langue ni pour leurs études, ni pour leurs affaires, ni pour quoi que ce soit au monde. Le seul argument dont on pourrait à la rigueur appuyer cette prétention, c'est le besoin de consolider l'unité nationale. Mais, dans ce cas, on imposerait aux Wallons, du fait de la nationalité belge, une lourde servitude qui n'aurait aucune compensation d'autre part.

A partir du jour où la Belgique avait commis la faute d'adopter une seconde langue nationale, il fallait nécessairement en venir là. La coexistence de deux langues officielles devait ou amener la séparation administrative et politique du pays ou l'imposition du bilinguisme généralisé. La première alternative effrayait les hommes de gouvernement. Il ne leur restait que le choix de la seconde. Ils essayèrent de se persuader qu'elle contenait les promesses les plus alléchantes pour le développement intellectuel et moral du citoyen belge « à cheval sur deux civilisations » et répondait fidèlement à la mission européenne de la nation. « La dualité des langues, dit M. Carton de Wiart dans son livre le *Bon Combat*, est une richesse. » (1)

Au mois de novembre 1912, le *Journal de Bruxelles*, organe officieux du gouvernement belge, écrivait que le développement du bilinguisme en Wallonie apporterait l'apaisement dans

---

(1) A quoi le professeur Vander Kindere de l'Université de Bruxelles, avait répondu d'avance, en écrivant : « La Belgique moderne participe des deux grandes nations voisines. Ce dualisme est à la fois une force et une faiblesse. C'est une faiblesse si l'un des deux éléments constituants est sacrifié à l'autre; c'est une force si on les laisse chacun se développer pleinement et en toute liberté. » *Patria Belgica*, t. II, p. 1.

l'irritante question des langues et en faciliterait la solution. Il ajoutait que « réagir contre le bilinguisme en pays wallon, c'était travailler contre le rapprochement des Wallons et des Flamands, c'était faire œuvre mauvaise, antinationale et antisociale. »

La généralisation du bilinguisme devait porter un coup mortel à l'usage de la langue française en Wallonie, sans grand profit pour celle-ci dans les Flandres. Le bilingue flamand n'était après tout qu'un semi-lingue, selon l'expression fort juste de l'abbé Hugo Verriest. Allait-on aussi façonner le Wallon sur ce modèle boiteux ?

V

Le recul du français en Belgique

———

Les effets du régime belge en ce qui concerne les langues
parlées peuvent être envisagés sous deux aspects principaux,
soit qu'on veuille s'en rendre compte pour le pays tout entier,
soit que la curiosité s'en limite à la région qui nous intéresse
plus particulièrement. Il est difficile de vérifier aujourd'hui
si l'affirmation apportée en 1817, par Benjamin Constant,
dans son *Tableau politique des Pays-Bas*, était le reflet fidèle
de la vérité de son époque : « Les Belges, disait-il, ont depuis
longtemps adopté le français qu'ils parlent presque tous avec
facilité, et que plusieurs d'entre eux écrivent avec élégance ».

Cependant en se fiant aux données que l'on peut recueillir
sur les régimes antérieurs, il est permis d'affirmer que le
français se répandait de plus en plus, dans les provinces des
Pays-Bas méridionaux, non seulement parmi la classe cultivée, dont il constituait en quelque sorte l'idiome exclusif,
mais aussi dans le monde des affaires et les relations jour-
nalières. C'était là un phénomène constant et certain. La
littérature, les journaux, les débats devant les cours et les
tribunaux, les discussions publiques et ce que l'on sait du
langage des salons suffisent à l'attester.

Sous le régime belge cette propension pour la langue française peut se remarquer encore pendant les premières années du royaume, sous la direction des Rogier, des Lebeau, etc., jusqu'à l'avènement des premiers ministères flamands (De Decker). Elle subit ensuite un temps d'arrêt pour entrer bientôt dans la voie d'une régression rapide. Les derniers recensements l'expliquent suffisamment, pourvu qu'on s'entende à comprendre le langage parfois déroutant et trompeur des chiffres absolus :

Années	Français uniquement	Flamand uniquement	Français et flamand
1866	2,041,784	2,406,491	308,361
1880	2,230,072	2,485,384	423,752
1890	2,485,752	2,744,752	700,997
1900	2,574,805	2,822,005	801,587
1910	2,833,334	3,220,662	871,288

Ces renseignements prémonitoires ne seraient pas complets si l'on n'y ajoutait ceux d'une troisième langue, l'allemand, parlée dans certains arrondissements du pays avoisinant la frontière prussienne :

Années	Allemand et français	Allemand et flamand	Allemand flamand et français
1866	20,448	1,625	4,966
1880	35,250	2,956	13,331
1890	58,590	7,028	36,185
1900	66,447	7,238	42,889
1910	74,993	8,652	52,547

Il suffira maintenant de mettre ces données en regard des variations de la population totale du royaume pour que le lec-

teur puisse par lui-même tirer des conclusions utiles de toute
cette arithmétique au premier abord un peu abstruse :

<pre>
Année 1886   Population totale : 4,827,833 h.
  —   1880   —   — 5,520,009 h.
  —   1890   —   — 6,069,321 h.
  —   1900   —   — 6,693,548 h.
  —   1910   —   — 7,451,903 h.
</pre>

On remarquera tout de suite que le fait le plus remar-
quable et le plus continu de cette période est l'augmentation
du nombre des habitants parlant à la fois le français et le
flamand. Si, comme le disait d'ailleurs très justement M. Destrée dans sa lettre au roi Albert, cet accroissement, après
quatre-vingt-cinq ans de monarchie centralisée, n'était pas
suffisant pour attester qu'il existe une race belge, c'est-à-
dire une race mixte, ni flamande, ni wallonne, sorte de type
intermédiaire formé par la juxtaposition, ou plutôt par l'in-
tussusception, comme disent les naturalistes, de l'une par
l'autre, il n'en est pas moins vrai que cette progression démon-
trait que les deux races s'altéraient mutuellement, sans profit pour l'ensemble. Dans la proportion, où la formation du
type nouveau se réalisait, on arrivait, non pas à fondre les
deux types anciens en un seul, selon l'idéal que s'étaient
forgé les inventeurs de « l'âme belge », mais à créer une
troisième race, artificielle et baroque, entre les deux autres.
Loin d'apaiser les discordes, la nouvelle venue devenait, par
ses prétentions à représenter le véritable type national et les
répugnances légitimes qu'elle éveillait de part et d'autre, une
cause surnuméraire de conflit. Comme si deux espèces de
Belges ne suffisaient pas à troubler le ménage national, on
y ajoutait une troisième qui portait la confusion à son
comble.

De 1866 à 1910, la population belge s'est accrue de
60 p. c. environ, se conformant au phénomène général qui,
par suite du développement du bien-être, emportait la plu-

part des Etats vers la saturation dont les apologistes de la guerre se servent de temps immémorial pour la justifier finalement. En même temps, le nombre des habitants parlant le français et le flamand s'est élevé dans une proportion beaucoup plus forte encore, tandis que celui des habitants parlant exclusivement le français marquait une notable diminution relative. Nous disons relative, car si les chiffres absolus renseignent pour cette catégorie, de 1866 à 1910, une augmentation de 791,640 unités, ce profit apparent équivaut à un déchet, dès qu'on tient compte du mouvement général de la population. En 1866, la fraction des habitants qui pratiquait exclusivement la langue française s'élevait à 42 p. c. de la population totale du royaume; on n'en trouve plus que 38 p. c. en 1910. Ainsi, en dépit des apparences, et quoiqu'on en ait dit, la langue française était en recul en Belgique. De par les lois dites flamingantes qui avaient successivement introduit la langue flamande dans la législation, dans l'administration, dans la procédure judiciaire, créé une Académie flamande, encouragé par de larges subventions la littérature, la presse, le théâtre flamands, il ne faut guère s'en étonner. Jusque vers 1870, la langue officielle de la plupart des municipalités en Flandre resta le français. Après la guerre franco-allemande la défrancisation commence et s'accentue. Le flamand pénètre tous les organismes publics, tous les corps constitués. Comment les effets ne s'en seraient-ils pas fait sentir dans la masse même de la population ? (1)

Ce qui est plus symptomatique encore, c'est que ce recul

---

(1) Une décision du Conseil communal de Gand du 20 janvier 1896 a fait de la langue néerlandaise la langue officielle de l'administration municipale. Même chose à Anvers. Les villes flamandes de moindre importance ont suivi, naturellement.

« Toutes les lois relatives à l'enseignement depuis 1883, écrivait l'*Etoile Belge* du 25 août 1912, jusqu'aujourd'hui, n'ont été qu'une série de mesures prohibitives destinées à flamandiser de force les générations prochaines. » On sait que l'*Etoile Belge* était l'organe autorisé de l'opinion libérale modérée et de la bourgeoisie moyenne.

progressif de la langue française ne se bornait pas seulement à la région flamande ou à celle plus spécialement bilingue que constitue l'agglomération bruxelloise, il s'étendait peu à peu à la Wallonie elle-même.

Les statistiques nous apportent à ce sujet des chiffres pour les quatre provinces wallonnes qui ne laissent aucune illusion:

Années	Français uniquement	Français et flamand
1866	1,924,669	37,948
1880	2,230,316	50,091
1890	2,308,636	89,858
1900	2,369,675	97,606
1910	2,549,881	112,343

Ces totaux n'ont de signification comme les précédents que s'ils peuvent être mis en regard des chiffres absolus de la population totale de cette région :

Années	Population	Non recensés
1866	2,054,322	969
1880	2,271,196	1,028
1890	2,464,054	835
1900	2,703,293	120,679
1910	2,964,882	110,776

Dés lors, ce qui résulte de la confrontation de ces données, c'est la régression de la langue française en Wallonie même, où, parlée naguère par 93,5 p. c. de la population, elle ne l'était plus, en ces derniers temps, que par les 91,4 p. c., tandis que les bilingues qui, en 1866, ne représentaient dans ce milieu que 1,8 p. c. de la population totale, y figuraient en 1910 pour 6,6 p. c.

La politique suivie par lé gouvernement belge entamait donc lentement mais sûrement les positions de la langue française en Belgique, et tous ceux qui ont à cœur, dans le monde, le maintien de ces positions et même leur extension et leur élargissement, pouvaient s'en montrer justement inquiets. (1)

Le fait que, depuis quelques années, le bilinguisme montrait quelques progrès dans certaines régions flamandes, ne suffisait pas à compenser cet autre fait si grave du refoulement lent mais continu de l'idiome français dans des provinces, où, comme le disait, en 1829, un député wallon aux Etats-Généraux des Pays-Bas « il était parlé aussi anciennement qu'à Paris ».

------

(1) « La langue française subit en ce moment en Belgique une flagrante décadence, grâce à l'ardeur avec laquelle le gouvernement belge poursuit la réalisation de ce but : affirmer la suprématie du flamand. » *Revue des Revues*. 15 Mars 1900.

VI.

Le milieu flamand, le milieu wallon

—

Une Flamande émigrée en pays wallon s'en fut un jour à confesse. Comme elle ânonnait le français, elle jugea bon d'expliquer : « Je suis Flamande... » Sur quoi le prêtre répondit : « Ce n'est pas un péché, mon enfant, c'est un malheur ! » Cette innocente anecdote, où se complaît la malice narquoise des Wallons, peint leurs sentiments à l'égard de leurs « frères » flamands. Elle vient du Hainaut, où il en circule cent autres. Les Liégeois disent : « Flamands de potence ». Ceux-ci ripostent en déclarant que « tout ce qui est wallon est faux » (wat walsch is, valsch is) et en criant : « A bas la race wallonne » (Weg met dat waalenras.)

Les deux peuples ne s'aiment pas et ne se sont jamais aimés (1) Quoi qu'on dise et quoi qu'on fasse, il y a entre eux le terrible malentendu de la Gaule et de la Germanie. La

———

(1) Un écrivain wallon, M. Georges Delaunoy, disait dans une Conférence reproduite par la *Jeune Wallonie*, « Race flamande, considérée comme inférieur, misérable, arriérée, ridiculisée partout, chez nous comme en France, souverainement antipathique, presque insupportable. En telle mauvaise odeur que, cent ans après, les enfants d'un Flamand égaré dans les campagnes de la Wallonie, et d'une mère wallonne, sont toujours des « fieux » flamands, l'immixtion du sang ennemi dans notre sang étant considérée comme une tare indélébile. »

Belgique avait une mission à remplir : concilier et fusionner. Prise au début, cette tâche n'eut guère souffert de difficultés. Les circonstances, les sentiments, les bonnes volontés mutuelles, la fraternité enthousiaste d'une patrie nouvellement conquise, tout y était favorable. On a préféré cultiver les différences et exacerber les inimitiés. C'était précisément ce qu'il ne fallait pas faire.

Chose étrange, ces animosités persistaient dans les milieux les plus cultivés. M. Maurice des Ombiaux fait cette constatation dans la *Jeune Wallonie* du 25 juin 1911 : « Beaucoup de nos littérateurs flamands d'origine, écrivant en langue française, ont toujours fait profession de mépriser les Wallons. Tout en défendant la langue française, ils avaient épousé la haine de leurs frères flamingants pour les Wallons. »

Depuis que la connaissance du flamand était exigée par le gouvernement pour la plupart des emplois publics en Belgique, des Wallons de bonne composition s'étaient mis courageusement à l'étude de l'idiome étranger. Dans nombre de villes wallonnes, des cours de langue flamande avaient été institués, suivis par les jeunes Wallons désireux de prendre rang, quelque jour, parmi les fonctionnaires de leur pays. Cette émulation, pensait-on, ne pouvait manquer de favoriser la fusion et l'accord des races. C'est le contraire qui se produisit. La création de l'enseignement flamand en Wallonie irrita vivement les flamingants, au point qu'ils l'appelèrent dans leurs journaux : « Cours de flamand pour Wallons aspirants voleurs d'emplois publics en Flandre ! »

Flandre et Wallonie ne diffèrent pas seulement de langage et d'opinions. Vingt autres contradictions s'accusent qui, dans un Etat sympathiquement uni, n'eussent guère présenté d'inconvénients. Mais là, où, systématiquement, les désaccords se cherchaient et où l'on goûtait une sorte de plaisir malsain à les mettre en évidence, elles devaient fournir un aliment quotidien aux antagonismes.

On lit parfois dans les écrits d'auteurs belges peu renseignés et de jugement superficiel : la Flandre est agricole, la Wallonie est industrielle. La vérité est que l'agriculture est bien plus développée et plus puissante en Wallonie qu'en Flandre. Celle-ci ne consacre que 752,000 hectares à la cul-Fture, alors que les quatre provinces wallonnes emblavent en moyenne 817,000 hectares. Mais là-bas, c'est la petite culture, le morcellement indéfini des terres qui obligent l'occupant à chercher un surcroît de ressources dans quelque industrie à domicile. Ajoutez que la terre y est presque toujours louée sans bail, et que la menace de l'éviction est toujours suspendue sur la tête du cultivateur convaincu de ne pas avoir répondu, au jour du scrutin, aux espérances ou aux suggestions de son propriétaire.

Les grandes fermes pourvues d'un matériel agricole et d'un outillage perfectionné se trouvent presque toutes en Wallonie. A l'époque de la constitution de la Belgique en royaume indépendant, c'était la Wallonie qui résumait les intérêts agricoles de la Belgique. Les Flandres continuaient à représenter plus particulièrement le commerce et l'industrie. Il en était déjà ainsi à l'époque de la grandeur des Communes et de la puissance des Métiers. Gand, en 1830, était une des ruches industrielles les plus considérables du continent. L'antagonisme qui existait entre la politique de protectionnisme agraire réclamée par la Wallonie, et le régime de libre-échange exigé par les industriels flamands et les commerçants hollandais fut une des nombreuses incompatibilités qui amenèrent la désagrégation du royaume des Pays-Bas.

Depuis, la Wallonie s'est industrialisée au point de dépasser de beaucoup l'importance des Flandres. La comparaison des chevaux-vapeurs — 422,000 contre 154,000 — le prouve surabondamment. Mais, néanmoins, la Wallonie a conservé son ancienne suprématie, et le Hainaut, avec 268,000 hectares cultivés, est restée la première des provinces agricoles de la Belgique.

Encore aujourd'hui la Flandre est le pays du travail à

domicile. Les trois-huitièmes de sa population ouvrière en sont restés tributaires. L'industrie à domicile se caractérise par un salaire dérisoire, de longues journées de travail, l'abus du *truck system*, le travail dans des conditions hygiéniques déplorables et l'emploi de jeunes enfants. C'est, en un mot, la forme la plus exténuante et la plus disgrâciée du servage moderne. Partout où l'on rencontre le travail à domicile, on est certain de trouver l'ignorance et la pauvreté.

L'agriculture, par suite du défaut des connaissances techniques et du morcellement parcellaire poussé jusqu'à l'infini, n'y est pas plus favorisée. Alors que les associations agricoles de la province de Liége achetaient en 1906 pour 8,500,000 fr. de semences, d'engrais chimiques et d'aliments pour le bétail, celles de la Flandre Orientale ne dépensaient, pour les mêmes besoins, que 690,885 francs. Et cependant, la Flandre Orientale accusait au dernier recensement 251,408 personnes s'occupant d'agriculture, tandis que la province de Liége n'en comptait que 85,185.

La déchéance progressive de l'agriculture en Flandre obligeait, avant la guerre, le contadin flamand à aller demander chaque année à l'étranger un travail et un salaire que son pays ne pouvait lui fournir. Cinquante mille « aoûterons » se rendaient régulièrement en France pour les travaux de la moisson. Ils y trouvaient une main-d'œuvre abondante. Pendant cet exode au pays de Voltaire, les classes dirigeantes belges ne cessaient de trembler pour le salut de l'âme de ces pauvres tâcherons. Des organismes de surveillance les suivaient étroitement dans leurs séjours et s'attachaient à les maintenir dans la voie du salut. Il faut croire néanmoins que le venin de l'incrédulité se glissait peu à peu dans leur âme, car le gouvernement belge avait toujours soin de fixer les élections au moment même de cet exode, et alors que les « aoûterons » n'avaient guère les moyens, ni les loisirs de rentrer au pays pour y déposer, entre deux voyages, un bulletin de vote dans une urne. La politique se faisait donc sans eux. A leur retour, ils trouvaient le gouvernement catholique consolidé au pouvoir, et leur bonne Flandre, sous la conduite de ses curés flamingants, plus dévote que jamais. Peut-être en eût-il été autrement s'ils avaient pu prendre part au scrutin. C'était du moins l'avis de l'opposition qui ne cessa de réclamer pour les élections une autre date que celle qui, malicieusement, privait cinquante mille électeurs à deux ou trois voix de leur droit de citoyens belges.

La situation économique du travailleur flamand n'est guère plus avantageuse. Voici à ce sujet des chiffres symptomatiques. On sait que la Caisse d'Epargne qui fonctionne sous la garantie de l'Etat belge, concède des prêts aux sociétés de crédit pour la construction des maisons ouvrières. Celles-ci font l'avance du capital nécessaire ne demandant aux intéressés que de justifier, au préalable, d'une petite mise de fonds personnels. Ce système a donné en Wallonie des résultats remarquables, les prêts consentis depuis l'origine s'élevaient en 1909 à 92,274,499 francs, alors qu'en Flandre ils ne dépassaient pas 14,582,495 francs.

Une différence aussi considérable doit avoir une cause profonde. Il faut la chercher dans la condition d'une participation personnelle exigée des intéressés et que les Flamands sont impuissants à fournir. Certes, les ouvriers sont moins nombreux en Flandre qu'en Wallonie où la grande industrie se trouve concentrée. Mais l'écart est moins grand qu'on ne se l'imagine à première vue. En y comprenant tout le personnel salarié de l'industrie, de l'agriculture et des métiers, on trouve 381,975 ouvriers pour les quatre provinces flamandes et 460,645 ouvriers pour les quatre provinces wallonnes. Par contre, les ouvriers agricoles sont deux fois plus nombreux en Flandre qu'en Wallonie. Or, l'ouvrier agricole est, par nature, plus attaché à sa terre, à son village que le salarié industriel. S'il se déplace quelquefois pour des travaux saisonniers, il revient promptement et régulièrement dans son milieu. Plus que tout autre, il caresse, dès sa jeunesse, le rêve d,avoir un jour à soi sa petite maison et son enclos. Malheureusement, la plupart des ouvriers flamands doivent renoncer à cet humble idéal : la Flandre n'a pas d'épargne.

Le système gouvernemental qui consistait à maintenir les Flandres dans une sorte d'ilotisme en vue de fins électorales, présentait ce double danger qu'il devait finir par révolter le peuple flamand qui en était victime, et par exaspérer les Wallons, humiliés d'être obligés de subir la loi qu'on leur dictait au nom de ces masses aveugles. Les milieux officiels, qui s'ingéniaient à masquer les réalités, ne reculaient même pas devant des peintures où le bon renom lui-même de la Wallonie se trouvait parfois compromis. Plus d'un savant étranger, faute d'y regarder de près, fut victime de ces mystifications. Ce fut le cas notamment d'un criminaliste français, M. H. Joly, de l'Institut, qui avait envoyé dans toute la Belgique des questionnaires détaillés, et avait reçu, des régions flamandes, des réponses qui y présentaient la situation sous l'aspect le plus engageant. M. Joly ne se demanda pas un instant si on lui avait pas fait la mariée trop belle. Il se sentit plein de sympathie pour la Flandre qu'on lui dépeignait comme une contrée idyllique où l'innocence et toutes les vertus couraient sans péril les champs et les rues.

Par contre, M. Joly réservait toute sa mauvaise humeur pour la Wallonie, et il lui dit rudement son fait : « Tout ce que nous avons pu recueillir de plus fâcheux, écrit-il, sur les mauvais côtés du caractère national, sur la brutalité, sur la violence, sur l'intempérance, sur l'immoralité de ceux qui lui font le moins d'honneur, tout cela se retrouve, au plus haut degré, dans l'arrondissement de Charleroi. »

Voilà, certes, un jugement bien sévère. Est-il fondé ? Nous allons bien voir.

M. H. Joly, pour asseoir son appréciation, a tablé sur les statistiques officielles du gouvernement belge. Ces statistiques, disons-le vite, lui donnent une apparence de raison. Le seul tort du criminaliste français est de les avoir acceptées comme parole d'Evangile. Elles ont besoin d'être contrôlées, car leur manque de sincérité a été plus d'une fois signalé.

Jusqu'en 1900, la Statistique Judiciaire de Belgique classait les criminels par région d'origine. Cette méthode permettait d'apprécier nettement la moralité de chaque peuple en restituant à chacun ses déchets sociaux. On y relevait, en dernier lieu, les moyennes suivantes pour les principaux arrondissements :

Bruges 16,1 ; Courtrai 16,9 ; Turnhout 14,9 ; Gand 14,4 ; Nivelles 13,9 ; Louvain 13,1 ; Audenarde 12,9 ; Malines 12,7 ; Furnes 12,5 ; Namur 12,3 ; Charleroi 12,3 ; Hasselt 12,1 ; Ypres 12,7 ; Tongres 12,5 ; Mons 12,2 ; Bruxelles 11,1 ; Termonde 10,9 ; Neufchâteau 10,6 ; Marche 10,3 ; Tournai 9,7 ; Arlon 9,5 ; Anvers 9,2 ; Dinant 8,6 ; Huy 8,1 ; Verviers 7,2 ; Liége 6,3.

Ce système présentait la moralité des populations flamandes sous un jour plutôt fâcheux. Le gouvernement belge qui tirait toute sa puissance électorale de ces populations, entreprit alors, à l'exemple de ce fils de Noë jetant un voile pudique sur le scandale de son père, de faire dresser les statistiques, non plus d'après la région d'origine des délinquants, mais d'après le lieu où l'infraction avait été commise. Comme il y a, dans les arrondissements industriels du pays wallon, un grand nombre d'immigrés flamands qui y viennent chercher un travail que leur patrie ne peut leur fournir, la situation apparut aussitôt retournée. On peut s'en assurer par les chiffres suivants qui sont ceux de 1911 :

Mons 13,4 ; Charleroi 13,2 ; Courtrai 12,4 ; Anvers 12,2 ; Bruxelles 11,9 ; Gand 11,2 ; Tongres 10,6 ; Bruges 10,4 ; Ypres 10,4 ; Namur 10,4 ; Arlon 10,3 ; Turnhout 10,0 ; Nivelles 9,5 ; Audenarde 9,5 ; Furnes 9,4 ; Termonde 9,3 ; Liége 9,1 ; Tournai 9,0 ; Hasselt 8,4 ; Malines 8,0 ; Louvain 7,8 ; Neufchâteau 7,5 ; Marche 7,2 ; Verviers 7,0 ; Dinant 6,4 ; Huy 4,2.

Les arrondissements industriels du pays wallon prennent

donc la tête de la criminalité. Ce phénomène aurait dû suffire à éveiller la perspicacité de M. Joly.

La substitution d'une statistique à l'autre, désobligeante pour la Wallonie, fut signalée, au ministre de la Justice, par un député de Charleroi, au mois de novembre 1913.

Le ministre répondit :

« Le personnel dont le département de la justice disposait ne lui a pas permis jusqu'ici d'effectuer par année plus d'une répartition. De 1898 à 1900, il a adopté pour base de la répartition le lieu de naissance. Depuis 1901, il s'en est tenu au lieu où le condamné a commis l'infraction. Cette dernière base est la plus intéressante des trois et elle ne doit pas être abandonnée, car la répartition faite à ce point de vue permet de se rendre compte de l'influence du « milieu » sur la criminalité. »

La réponse de M. Carton de Wiart dévoile ingénûment le but que s'est proposé le gouvernement belge en adoptant la nouvelle méthode de statistique. Il s'agissait de faire croire que les crimes et délits commis par des Flamands étaient en grande partie le fruit du milieu corrupteur wallon. C'était une gracieuseté nouvelle du gouvernement belge à l'égard de la Wallonie qui n'en est plus à les compter. Le gouvernement indiquait lui-même la leçon qu'il se proposait de tirer des nouvelles statistiques. Si les arrondissements industriels du Hainaut marchent en tête de la criminalité, c'est la faute du milieu. Telle est la pensée de M. Carton de Wiart. Conclusion bien hasardée !... Ne serait-il pas plus juste de dire, en se basant sur les mêmes chiffres, que c'est, au contraire, l'immigration qui vient vicier le milieu ? La comparaison des deux statistiques fait sauter cette vérité aux yeux : les gens du pays de Mons et de Charleroi commettent moins de crimes et de délits qu'il n'en est commis chez eux. En Flandre, on assiste au phénomène contraire : la criminalité d'origine y est plus forte que la criminalité de lieu. Qui ne voit dès lors que c'est l'immigration qui est la grande pourvoyeuse de la différence que l'on constate entre les deux statistiques ?

Celles-ci, prises isolément, ne peuvent abuser que des criminalistes naïfs qui s'associent inconsciemment et étourdiment à une campagne de calomnies, dirigée contre tout un peuple. De leur confrontation résulte au contraire une preuve nouvelle de la déchéance de la race flamande. (1)

Malgré le surcroît de ressources qu'elle trouvait dans le travail à domicile et l'entreprise du moissonnage en France, la population flamande comptait encore à la veille de la guerre 6 % d'assistés par la bienfaisance publique contre 3 % en Wallonie. Son état intellectuel et moral n'était pas plus brillant que sa situation économique. Pour 2,943,667 habitants, la région flamande ne possédait que 2,327 écoles primaires, alors que la Wallonie pour 2,564,214 habitants disposait de 3,632 écoles (2) Les cours d'adultes, sans lesquels l'instruction acquise pendant l'enfance s'oublie et se perd si vite, existaient à peine en Flandre ; on n'en comptait que 238 pour 1,413 en Wallonie. Les quatre provinces flamandes dépensaient annuellement 800,000 francs pour l'instruction publique ; les quatre provinces wallonnes : 1,600,000 fr., c'est-à-dire le double !... Faut-il s'étonner dès lors que les statistiques les plus minutieuses n'aient révélé en Flandre que 65 personnes lettrées par 100 habitants ? Dans un pays où l'on croit pouvoir se

---

(1) Stijn-Streuvels, un des principaux romanciers flamands, a dépeint l'ouvrier de son pays comme « un individu fruste, grossier, engourdi, bas, commun, rampant, ombrageux et toujours affamé ». Les flamands, ajoute-t-il, sont connus pour des ivrognes, des batailleurs, toujours prêts à donner un coup de couteau par traitrise ». (V. *Vlanderen Weezang*).

Pour venir en aide à la main-d'œuvre flamande, le gouvernement belge avait mis en marche des trains, dits trains-ouvriers, qui transportaient chaque matin pour quelques centimes, les travailleurs flamands au sein des régions industrielles de la Wallonie, et les ramenaient chaque soir dans leurs foyers. Un journal gouvernemental, le *Patriote* écrivait, dans son numéro du 20 novembre 1910, que le dévergondage dans les trains ouvriers était tel « qu'en Chine on appellerait leurs wagons des wagons de fleurs ».

(2) En Belgique l'enseignement primaire est communal ou libre ; l'initiative de la création des écoles n'appartient pas à l'Etat.

dispenser d'un ministère de l'instruction publique, mais où il y a, par contre, un ministère des sciences et des arts, c'est un résultat plutôt décevant.

L'instruction va nécessairement de pair avec le degré de moralité. Sur six cent quatre-vingt-dix crimes commis en Belgique de 1830 à 1885, quatre cent l'ont été par des Flamands. La moyenne des condamnés par mille habitants est de 12,73 pour la région flamande et de 9,87 pour la Wallonie. Le nombre des déserteurs de l'armée belge, eu égard au total des hommes sous les drapeaux, comprend régulièrement deux fois autant de Flamands que de Wallons. Sur 12,000 pensionnaires des asiles d'aliénés, il y a 8,000 Flamands. La moyenne de la mortalité générale est de 26 pour 1,000 en Flandre et à peine 16 pour 1,000 en Wallonie. La natalité, il est vrai, est supérieure en Flandre, et les Wallons s'en sont souvent effrayés dans la crainte de la domination du nombre. Crainte chimérique, car la mortalité infantile, fléau des ménages flamands, rétablit l'équilibre au bout de la troisième ou de la quatrième année (1).

Cette infériorité économique, intellectuelle et morale des populations de leur race, n'est pas contestée par les chefs du mouvement flamand. Ils y insistent volontiers avec une sorte de volupté âpre et en tirent argument en faveur de leurs revendications. A les en croire, la cause de tout le mal est la langue française parlée par la bourgeoisie flamande, et l'isolement des masses rurales et ouvrières sans contact avec les classes dirigeantes et vivant éternellement repliées sur elles-mêmes.

C'est accorder beaucoup d'importance à des questions de dialecte et de langue, alors que d'autres facteurs sont ici certainement en jeu. Il y a des misères sociales et des détresses morales là même où il y a unité de langage. Quand le riche

---

(1) Les sociétés d'assurances contre la mortalité infantile ont dû cesser leurs opérations en Flandre, car la mortalité infantile y devenait... une industrie. Voir à ce sujet un rapport de M. Dupurreux, médecin à Gand, qui a constaté des pratiques d'une dégradation morale effrayante.

et le pauvre s'expriment dans le même idiome, cela ne veut pas toujours dire qu'ils parlent la même langue. Chacun à l'esprit de son état, les points de vue de sa classe et le vocabulaire de son milieu. Bourgeois et ouvriers, maîtres et serviteurs ne conversent point communément pour échanger des idées, mais des questions et des réponses usuelles pour lesquelles la bourgeoisie flamande connaissait toujours un peu de dialecte qui la tirait honorablement d'affaire.

Il est à remarquer que la situation est à peu près la même dans le Brabant septentrional, qui se trouve depuis des siècles sous le régime hollandais. « Si l'on compare, dit M. Paul Frédéricq, ces régions néerlandaises au reste de la Néerlande, leur niveau de civilisation est très médiocre. » Et pourtant il ajoute : « A tous les degrés de l'échelle sociale, la langue maternelle de la Néerlande sert ici, depuis longtemps à la manifestation commune de la pensée. » Preuve évidente que la détresse intellectuelle et morale des populations sud-néerlandaises a d'autres causes que l'insuffisance linguistique chargée seule, jusqu'à ce jour, de tous les péchés d'Israël.

Il serait toutefois injuste de méconnaître qu'il y a, dans la manière de voir et de raisonner des flamingants, au sujet des causes de l'infériorité de leur peuple, une certaine part de vérité. L'isolement où le plonge sa langue restreinte et obscure, est, certes, pour lui un grand malheur. Mais qu'on n'oublie pas qu'il s'agissait avant tout de le préserver de la « perversité française » et de le maintenir dans l'esprit de la foi et le respect de ces vertus familiales si singulièrement démenties par les statistiques. (1)

De quelque manière qu'on envisage le problème, il faut toujours en venir à cette conclusion que la politique inau-

---

(1) « Les précieuses qualités de la race subiraient de rudes atteintes si le Flamand venait à quitter sa langue pour le français ou pour le dialecte hollandais » Kersten. Voir aussi les écrits du chanoine De Haerne, ancien député belge, qui défendit la même thèse.

gurée par le gouvernement belge en 1856, développée pleinement par lui à partir de 1884, où, grâce à de nouvelles
combinaisons électorales, il réduisit enfin l'opposition à un
rôle purement académique, ne tendait pas à autre chose qu'à
maintenir les Flandres dans une sorte de déchéance calculée
qui était l'instrument de son pouvoir.

VII

Le conflit des races et la politique

—

A tant d'incompatibilités et de contrastes qui séparaient les Flamands et les Wallons, s'en joignit, dans ces derniers temps, une autre que les circonstances avaient en quelque sorte masquée jusque-là.

Pendant ces trente dernières années, la Wallonie a successivement demandé au gouvernement belge une série de réformes, réalisées de longue date déjà dans la plupart des pays voisins et que tout Etat sérieusement organisé se doit à lui-même. Le gouvernement belge les a refusées, ou, lorsqu'il s'est avisé d'y faire droit, après de longues instances, il l'a fait avec une mauvaise grâce si évidente et des restrictions telles qu'en réalité tout le fruit en a été perdu. La Wallonie avait demandé l'instruction obligatoire, indispensable pour former les ouvriers d'élite qu'exige son développement industriel. Ce ne fut qu'à la veille de la guerre de 1914 que le gouvernement belge consentit à cette réforme — qui dut attendre l'occupation étrangère pour être appliquée pour la première fois en Belgique — et encore la loi votée par les Chambres belges ne consacra-t-elle que l'instruction *congréganiste* obligatoire. La Wallonie avait aussi demandé le service militaire général, afin

que tous les citoyens valides pussent concourir efficacement
à la défense du territoire. Le gouvernement concéda d'abord
le volontariat, c'est-à-dire le système des mercenaires à haute
paie ; puis il recruta l'armée à raison d'un fils par famille,
système qui pesait lourdement sur la Wallonie où les familles
nombreuses sont plus rares qu'en Flandre ; enfin, et toujours
à la veille de la guerre de 1914, il accepta d'instituer une sorte
de service généralisé, mais avec des tempéraments tels que les
levées annuelles n'atteignaient pas la moitié des jeunes gens
qui auraient pu être appelés. Enfin, la Wallonie, avec une
persistance inlassable, demandait aussi le suffrage universel et
l'égalité du vote, afin que tous les citoyens pussent participer
au même titre, et avec les mêmes droits, à la direction des
affaires publiques. Cette mesure était d'autant plus juste que
la Constitution belge de 1831 avait proclamé que tous les
pouvoirs émanaient de la nation. Après des événements d'une
extrême violence où la Wallonie soulevée dut être occupée par
toute l'armée belge mobilisée et où l'état de siège fut décrété
dans les bassins industriels de Mons, de Charleroi et de Liége,
le gouvernement concéda le « vote plural », c'est-à-dire un
système basé sur l'inégalité électorale des citoyens, et qui créait
trois, voire quatre catégories différentielles de Belges, suivant
le nombre de bulletins de vote dont ils avaient le droit de
disposer au moment du scrutin.

Cette réforme cachait un intérêt de race qu'on n'a pas
aperçu tout d'abord, mais dont l'aveu est tombé de la plume
d'un grand journaliste catholique, M. le comte Verspeyen, dans
son livre *Le parti catholique belge, son avenir et ses moyens
d'action.* (Gand, Siffer, 1893.)

« Au point de vue de son avenir et de la consolidation des positions
qu'il a conquises, écrit M. Verspeyen, le parti catholique avait un
intérêt évident et très avouable à s'appuyer sur un corps électoral
plus étendu et plus équitablement réparti entre la population rurale
et la population urbaine.

» Tous ceux qui ont été mêlés de près à nos luttes savent par expérience qu'en Belgique, les arrondissements de Gand et d'Anvers, par
leur accord, décident généralement de la majorité parlementaire et,

par là même, de la composition du gouvernement Si ces deux arrondissements s'accordent à élire des sénateurs et des députés catholiques ou conservateurs, le pays est gouverné par un ministère de droite ; si, au contraire, l'un de ces arrondissements tourne au libéralisme, le pouvoir ne tarde pas à échoir à la gauche.

» Or, dans l'arrondissement d'A'nvers, l'élément rural qui ne forme qu'une petite fraction du collège électoral, tend à diminuer pendant qu'au chef-lieu, les Anversois de vieille roche, demeurés en majorité fidèles à leurs traditions flamandes et chrétiennes, sont de plus en plus envahi par une immigration de fonctionnaires, de bureaucrates et d'étrangers, trop souvent hostiles aux croyances et à l'esprit de la population aborigène. L'extension de droit de suffrage entravera sans aucun doute cette œuvre de dégénérescence et d'abâtardissement.

» Une situation analogue se présente dans l'arrondissement de Gand, victime, lui aussi, de l'inégale répartition du droit de suffrage entre la ville et les campagnes. La population rurale y est tout au moins stationnaire, tandis que la population urbaine y croît rapidement. Or, bien que les catholiques aient fait, en ces derniers temps, et notamment depuis 1884, de nombreuses recrues dans les couches citadines les plus intelligentes, ces progrès ne suffiraient pas néanmoins, dans des conditions normales, à neutraliser les effets les plus défavorables au développement de l'agglomération gantoise. »

Le même publiciste autorisé et influent établissait, à un autre endroit de son livre, l'étroite connexion qui existe entre la cause catholique et la cause flamande. « N'y a-t-il pas, demandait M. Verspeyen, entre la cause catholique et la cause flamande une attraction irrésistible et de naturelles affinités ? Si la religion nous a gardé notre langue, en des temps de méconnaissance et d'abandon, cette langue, organe séculaire des prières et de la foi de nos populations, a toujours été et demeure encore l'un des meilleurs moyens de défense contre la *malaria* de l'impiété française. Ni les Flamands, ni les catholiques, ne sauraient l'oublier. » (P. 5o.) (1)

Depuis les premières années du royaume, la Flandre était catholique et réactionnaire ; la Wallonie, libérale et démocratique. Sous le système électoral restreint du cens, cette contradiction ne se remarquait guère. Elle était compensée, peut-on

____

(1) A l'assemblée du 29 janvier 1911 de l'Association Catholique Constitutionnelle de l'Arrondissement de Bruxelles, M. Borginon, député, déclara « qu'il ne tenait pas pour chrétien quiconque n'était pas flamingant. »

dite, par le vote des grandes villes flamandes : Anvers, Gand, Ostende, libérales et démocratiques, comme la Wallonie, grâce à l'organisation perfectionnée de l'enseignement secondaire qui, dans la Belgique entière, dans la région flamande comme dans la région wallonne, se donnait en français. Mais avec le suffrage universel aggravé du double et du triple vote du système « plural », l'influence des classes moyennes dans les grandes villes flamandes fut annihilée du coup. Les libéraux, Flamands francisés, l'élite de la population des Flandres, dont la mentalité politique s'appariait à celle de la Wallonie, ne furent plus qu'une poussière amorphe sous la masse des électeurs ruraux. L'antinomie apparut à tous les yeux. L'opposition politique du pays correspondait à la division des langues et des races.

C'est alors qu'on songea à la représentation proportionnelle qui pouvait, pensait-on, rétablir une sorte d'équilibre entre les deux fractions du pays.

Dès le premier moment, libéraux et démocrates wallons se méfièrent de la proportionnelle. Cette réforme allait avoir nécessairement pour effet de leur faire abandonner au profit des catholiques et des réactionnaires quelques-uns des sièges qu'ils étaient seuls à détenir jusque-là par la volonté des majorités. Or les catholiques wallons avaient l'habitude, par discipline de parti, de suivre le gouvernement et d'approuver ses complaisances pour les Flamands qui fournissaient l'élément essentiel et le contingent principal de sa majorité.

On fit alors, aux libéraux et aux démocrates wallons, une objection qui finit par avoir raison de leur résistance : « Les libéraux et les démocrates flamands, leur dit-on, ne sont plus représentés au Parlement. Il dépend de vous qu'ils puissent faire entendre leur voix et porter leurs griefs à la tribune. Ce sont vos frères politiques. Ils mènent un combat ardu et pénible dans les milieux ingrats où le cléricalisme est tout puissant. N'accepterez-vous pas, par générosité d'âme, un léger sacrifice afin qu'ils puissent, eux aussi, avoir place au soleil? »

Les Wallons cédèrent à cette argumentation de pur sentiment. La vie, en effet, des « dissidents religieux » dans les campagnes flamandes était une chose pénible et difficile. Ils n'étaient souvent qu'une poignée, en butte aux persécutions ouvertes ou sournoises d'une population fanatisée. Leur ouvrir l'accès du Parlement équivalait pour eux à une délivrance.

Mais la représentation proportionnelle fonctionnait à peine, grâce au généreux sacrifice des libéraux et des démocrates wallons, que l'âme flamingante se révéla sous un nouveau jour.

Quelques libéraux et démocrates flamands furent élus ; il y en eut beaucoup moins qu'on ne l'avait espéré, et, de ce côté, les proportionnalistes éprouvèrent une première déception. Mais alors il se passa une chose sans exemple jusque-là, et qui prouve quels progrès l'antagonisme des deux races avait faits en Belgique. Ce ne fut pas contre le cléricalisme et le gouvernement que libéraux et démocrates flamands, nouvellement entrés au Parlement grâce à la représentation proportionnelle dirigèrent leurs efforts, ce fut contre la langue française !... On les vit — touchant spectacle — fraterniser avec leurs anciens adversaires de droite sur l'autel des revendications flamingantes, par haine de la Wallonie. A Anvers, au cours d'une grande assemblée populaire, trois chefs, leaders de leur parti, M. Franck (libéral), M. Camille Huysmans (socialiste) et M. Van Cauwelaert (catholique), élus grâce à la représentation proportionnelle, se lièrent, par un serment solennel de fidélité flamingante et pan-néerlandaise. Ce fut d'ailleurs le résultat le plus clair de la représentation proportionnelle que cette fusion inattendue des partis, en Flandre, qui aggrava le heurt des races, au lieu de rétablir le juste équilibre qu'on en avait espéré. (1)

---

(1) La représentation proportionnelle, tout en ne valant à l'opposition confessionnelle flamande que des résultats dérisoires, a aggluliné le bloc flamand. Par contre, elle a gravement compromis les intérêts de la défense wallonne en Wallonie, en faisant élire *automatiquement* des députés et des sénateurs ministériels pour qui l'intérêt de parti primait tout.

Une question se pose ici, qui viendra naturellement à l'esprit de tous nos lecteurs : si la représentation proportionnelle faisait élire en Wallonie des adversaires du particularisme wallon, comment ne faisait-elle pas aussi nommer en Flandre des opposants au particularisme flamand ?

À cette question, il n'y a qu'une réponse : En Wallonie la question linguistique n'était pas encore entrée dans une phase politique assez nette pour provoquer l'accord de toutes les opinions. En Flandre, les associations politiques et les comités électoraux, sans distinction de partis, subissaient depuis longtemps son influence. « La question des langues domine l'élection de toute son ampleur », écrivait le correspondant anversois du journal *La Chronique*, de Bruxelles, à la veille du scrutin de 1912. A Gand, un conseiller provincial, M. Hallet, se vit redemander son mandat par son comité électoral, sous prétexte qu'il était d'origine wallonne, et que ce détail, auquel on n'attachait naguère aucune importance, était devenu, par suite des circonstances, une cause de faiblesse pour l'ensemble de la liste (1).

Le suffrage universel, combiné avec le vote plural et la représentation proportionnelle avait conféré au parti catholique une situation inexpugnable. On peut dire qu'il était parvenu enfin — comme les libéraux hollandais l'avaient prédit en 1830 — à confisquer définitivement la Belgique à son profit. Depuis trente-cinq ans l'opposition s'épuisait en assauts infruc-

---

(1) Cependant, même en Wallonie, l'exaspération n'aurait pas tardé à briser jusqu'à la discipline confessionnelle. Témoin ces paroles de M. Hoyois, député de Tournai-Ath, bien connu pour sa fidélité au gouvernement, dans la séance de la Chambre du 3 février 1909. « Nous avons assisté dans ces derniers temps à de dangereuses poussées flamingantes. La question est de savoir si les wallons vont devenir des citoyens de seconde classe... Déjà les flamands sont nommés en majorité à tous les emplois... Nous avons tous le droit de parler notre langue, et nous ne supporterons pas la suprématie des flamands ». Paroles d'autant plus significatives de la part d'un député catholique wallon que « flamingantisme et catholicisme » semblaient les deux termes obligés d'une même formule, tout en moins en ce qui concernait la discipline intérieure du parti conservateur belge.

tueux pour le renverser du pouvoir. Jadis, sous le système du cens, la Belgique se gouvernait par l'alternance aux affaires des deux grands partis politiques qui, depuis les premiers temps de la période espagnole se livraient là un combat d'autant plus acharné qu'il mettait aux prises des forces à peu près égales. Ils représentaient l'un, la vieille thèse de l'indépendance civile de l'Etat, l'autre la direction politique des sociétés et des hommes en vue de fins supra-terrestres. Cette alternance ressemblait en tout point au jeu de bascule qui ramène tour à tour, en Angleterre, les *wighs* et les *tories* au pouvoir.

La situation délicate de la Belgique était liée en quelque sorte à ce jeu de bascule, et la suprématie définitive d'un des partis sur l'autre devait fatalement amener la désagrégation du pays (2).

L'existence des partis est aussi nécessaire à l'exercice du régime parlementaire que le retour des saisons l'est à la nature. Il tombe sous le sens que les partis ne peuvent vivre qu'à raison de leurs possibilités d'accession au pouvoir. Quand les insuccès se répètent, quand les défaites succèdent aux défaites, les partis se désagrègent, les chefs voient leurs troupes se disperser, et, peu à peu, de nouveaux groupements se forment. A mesure que les oscillations de la « balançoire clérico-libérale » s'éteignaient, la querelle des langues et des races devait reprendre le dessus. Grave danger, pour un pays d'existence aussi précaire que la Belgique. Un éminent homme d'Etat belge, M. Jules Malou, qui fut, pendant de longues années, le chef incontesté du parti catholique, l'avait prévu dès 1878. « Sans doute, disait-il, nos luttes sont vives ; elles ne sont pas générales, mais le dissentiment qui nous sépare est réel ; il est sur le terrain religieux. Peut-être, à certains points de vue, vaudrait-il mieux qu'il fut sur un autre terrain ; mais, dans les pays libres, les dissentiments qui forment ou transforment les partis ne se créent pas par la volonté des hommes.

---

(1) Voir mon livre *Le Cléricalisme et la Belgique.* Bruxelles 1909.

Ils résultent des intérêts politiques de la nation, des intérêts qui l'émeuvent, des sentiments qui l'agitent. Je l'ai déclaré l'autre jour, et je le répète : j'aime mieux cependant nous voir divisés sur ce terrain, que de l'être d'après nos origines, en Flamands et Wallons. »

Les élections générales de juin 1912 enlevèrent aux partis d'opposition leurs dernières illusions. Coalisés ou non, il ne leur était plus possible même d'ébranler le gouvernement. Des déplacements d'opinion qui naguère eussent fait passer la majorité de droite à gauche, ne se répercutaient même plus au Parlement. La représentation proportionnelle amortissait les fluctuations de l'opinion publique, et les marées les plus impétueuses venaient expirer aux portes des Chambres en ondulations presque imperceptibles.

L'irritation fut grande en Wallonie. Pour la première fois, elle s'en prit aux Flamands et à « leur » gouvernement, que les Wallons étaient las de subir. Quand fut proclamé le résultat du scrutin, des mouvements populaires manifestèrent des sentiments nouveaux et inattendus.

Les choses s'aggravaient. Jules Destrée, dans la *Lettre au Roi Albert*, qu'il écrivit quelques jours plus tard, insista sur cet antagonisme d'opinions et de tendances. « Les Wallons, disait-il, sont des vaincus et pour longtemps... Nous nous trouvons dans la situation d'un peuple vaincu et annexé. Nous avons des maîtres de race étrangère. » Dans le *Ralliement*, aux premiers jours de 1914, Georges Lorand constatait que la Belgique était à la veille d'une révolution.

Un espoir restait aux Wallons : le suffrage universel pur et simple, c'est-à-dire la suppression du double et du triple vote qui avantageaient surtout les Flamands par suite de la surpopulation et de l'extrême morcellement de la propriété en Flandre. Le vote plural amenait encore cette anomalie nouvelle qu'en Wallonie, d'après les chiffres du scrutin du 2 juin 1912, il fallait 16,246 voix pour élire un député, alors qu'en

Flandre il suffisait de 11,275 suffrages (1). Le gouvernement se montrait disposé à modifier le système, mais à une condition : le suffrage universel devait s'étendre jusqu'au vote féminin. C'eût été l'écrasement définitif de la Wallonie par la Flandre ignorante et dévote... La mesure semblait comble (2).

Sous les gouvernements libéraux d'avant 1884, les ministres belges appartenaient pour la plupart aux provinces wallonnes (3). Depuis cette date, les Flamands régnèrent pour ainsi dire sans partage. Le parti catholique avait un intérêt politique évident à favoriser le mouvement flamand, qu'il reconnaissait d'ailleurs sans ambages : « Faut-il condamner chez nous ce qu'on appelle le mouvement flamand ? demandait en février 1911, un des principaux organes de la droite parlementaire, le *Courrier de Bruxelles*. Nous ne le pensons pas et nous avons toujours été d'avis de le favoriser, mais dans une certaine mesure. Nous le faisons, parce qu'une langue parlée dans la moitié du pays a droit de cité, droit d'être respectée et encouragée. Et surtout, parce que nous y voyons une sauvegarde pour la conservation des mœurs flamandes que nous estimons beaucoup et des sentiments religieux si généralement conservés par notre population flamande. C'est une barrière contre de mauvais envahissements étrangers. »

Le parti qui gouvernait la Belgique depuis 1884, tirait toute sa puissance des régions flamandes. Aux élections générales de 1912, les arrondissements de langue flamande apportèrent

---

(1) En 1912, à Bruges avec plus de la moitié des suffrages (17,914 contre 32.537) l'opposition coalisée n'obtint qu'un quart des sièges (1 sur 4). Cfr. Goblet d'Aviella, *Revue de Belgique*, 15 juin 1912.

(2) Les provinces flamandes comptent 2.300.178 femmes contre 1 million 448.866 femmes pour les quatre provinces wallonnes (le Roman-pays y compris, c'est-à-dire l'arrondissement de Nivelles incorporé au Hainaut).

(3) « Voilà trente ans que la Belgique est gouvernée par une majorité parlementaire flamande, par des cabinets où les ministres flamands sont majorité... Qui est-ce qui les envoyait à la Chambre et au Sénat? Le peuple flamand. Il les a élus, réélus, investis et sacrés. C'est apparemment qu'il les trouvait à son goût, eux et leur programme. »

Fernand Neuray, *Le XXe Siècle*, n° du 23 Octobre 1917.

733,097 voix au gouvernement et 382,924 seulement à l'opposition. Les arrondissements de langue française, au contraire, donnaient : à l'opposition 708,056 voix, au gouvernement 466,927.

En réalité, ainsi que M. J. Jobé l'a noté dans la *Belgique Artistique et Littéraire* du 1er décembre 1913, le gouvernement belge était le prisonnier du mouvement flamand : « La force conservatrice trouve ses meilleurs et ses plus fidèles soutiens dans les masses rurales flamandes, c'est-à-dire dans celles que les grands courants de pensée n'ont pas encore touchées. Le pouvoir puise la majeure partie de ses forces en pays flamand. Il en résulte qu'il se trouve sans défense devant les revendications linguistiques. »

A la date du 13 août 1907, le correspondant bruxellois du *Temps* signalait le caractère de plus en plus politique du mouvement flamand : « Ce sont, écrivait-il, les flamingants catholiques surtout qui s'organisent pour la lutte. Dans chaque province, ils ont créé une association d'anciens universitaires catholiques avec un secrétariat général du mouvement flamand où toutes les associations seront représentées. D'autre part, un « landsbond » groupera toutes les sociétés flamandes du pays, tandis que le secrétariat s'efforcera de donner une direction unique au mouvement flamingant. Ce qui est à noter dans ce fait, c'est que ce sont de plus en plus les catholiques qui accaparent le mouvement flamand et qui cherchent à en faire un instrument de constante pression sur la majorité parlementaire et le gouvernement. Il est à craindre que les deux autres partis pour ne pas perdre de terrain au point de vue électoral dans les provinces flamandes, suivront le courant et chercheront à organiser des groupements parallèles. »

La Wallonie pouvait-elle se laisser régenter par ces masses rurales « que les grands courants de pensée n'ont pas encore touchées ? » « La vérité, écrivait Georges Lorand, dans le *Ralliement* du 2 mars 1913, est qu'il y a deux Belgiques qui s'ignorent et se tournent le dos. Et ce qui rend la situation particulièrement grave pour le pays, c'est que, grâce à la prolongation de la domination cléricale, c'est la Belgique arrié-rée, ignorante et misérable (ou plutôt ceux qui vivent de l'exploitation de son ignorance et de sa misère) qui gouverne l'autre, celle des grandes villes et des provinces wallonnes qui se sent, depuis le 2 juin, vouée à cette situation intolé-rable et qui commence à s'en émouvoir à bon, droit. » (1)

Les élections de 1914 ne purent modifier cette situation. Elles accusèrent plutôt une aggravation dans le dissentiment politique des deux races. Le règne des Flamands s'installait à demeure. La Wallonie s'épuisait en vains efforts pour se dégager de cette tutelle. Chaque élection aggravait sa sujétion et accentuait le désaccord des deux peuples. M. Jules Dèstrée, dans un discours prononcé à Piéton, le 3 juillet 1914, ne put que le constater, en se répétant : « Un dernier point mérite notre attention lorsqu'on cherche à dégager les ensei-gnements des élections dernières. C'est l'antinomie croissante des deux peuples qui composent la Belgique : le peuple fla-mand et le peuple wallon. Quatre provinces ont été consultées : deux flamandes et deux wallonnes. Il y a identité de dévelop-pement politique dans la Flandre et le Limbourg d'une part ; dans les provinces de Liége et de Hainaut, d'autre part. Mais les populations du Nord et du Sud réagissent de façon diffé-rente, opposée, aux phénomènes politiques. En Flandre et Limbourg, l'obligation scolaire et l'obligation militaire ont provoqué de vifs mécontentements ; on s'en est à peine aperçu en Wallonie. En Flandre et Limbourg la confessionnalité de l'enseignement a paru toute naturelle ; elle a été jugée odieuse et révoltante en Wallonie. Erreur au-delà, vérité en-deça. La

---

(1) Le 20 Octobre 1913, M. Georges Lorand disait à la Chambre des Repré-sentants : Nous, partis de gauche, représentons ici les trois quarts du pays wallon, et nous vous prophétisons que dix ans ne s'écouleront pas avant que se pose le problème de la division de la patrie. Quoi que vous fassiez, sachez-le, nous ne subirons pas la tyrannie des élus des ruraux des Flandres ».

frontière lingustique est aussi la frontière politique et intellectuelle. »

La Wallonie ne se borna pas à protester dans les réunions
électorales et dans la presse. Les Conseils provinciaux de Liége
et du Hainaut réclamèrent la séparation administrative et l'autonomie des provinces de langue française.

« Lorsque nous aurons le suffrage universel, disait M. Destrée, quelques jours à peine avant la guerre de 1914, les
Flamands seront plus nombreux que nous. Ils le sont déjà.
Et comme, malheureusement, la natalité est plus faible en
Wallonie, la disproportion ne fera que s'accroître. Dans dix
ans, les Flamands seront nos maîtres. Allons-nous être forcés
de nous contenter des libertés et des droits qu'on voudra bien
nous laisser ? Minorité opprimée, nous finirons par perdre la
notion de la patrie belge. N'y a-t-il pas moyen de concilier
les fatalités de cet avenir et la conservation de ce que le passé
nous a légué de bon ? N'y a-t-il plus d'espoir de garder
entre les deux peuples assez de cordiale entente pour qu'ils
continuent d'être une nation ? Voilà le gros problème de
demain. Il faut donner à la Wallonie la garantie qu'elle ne
sera pas écrasée par la Flandre. »

Ainsi, la lutte des langues et des races, tout en étant en
dehors du classement ordinaire des partis, tels qu'ils existaient
en Belgique, subissaient néanmoins l'influence de la politique
courante, parce qu'elle était elle-même la conséquence d'une
mauvaise politique. Les intérêts de l'Eglise et ceux du mouvement flamand étaient étroitement liés. Quand le mouvement
wallon s'organisa sérieusement à son tour, pour répondre à
des empiètements agressifs et insupportables, les catholiques
wallons n'osèrent s'y associer. Le gouvernement fit distribuer
aux bibliothèques publiques un ouvrage en deux volumes :
Le Mouvement Flamand, ses raisons d'être, où on lisait : « Le
mouvement flamand est le cauchemar des libéraux et des
socialistes parce qu'il arbore franchement le drapeau catholique. La Flandre, il faut savoir le reconnaître avec nos adver-

saires politiques, est devenue notre Bretagne belge. Aussi
longtemps qu'elle restera confiante dans son clergé, notre parti
sera maître du pouvoir. Quand la libre-pensée sera parvenue à
installer dans ses veines le sang noir du scepticisme, c'en sera
fait de nous. Crainte chimérique ! Le moment de chanter *nunc
dimittis* n'est pas encore venu. Un des premiers articles du
programme flamingant, n'est-il pas le maintien et la préservation de la foi dans les provinces flamandes ? Catholiques
wallons ! Au rancart toute susceptibilité « racique ». Une chose
prime toute : le salut du parti. C'est pour lui que nous aurons
à cœur de résoudre équitablement les griefs flamands. »

On ne fera jamais assez ressortir que cette haine de la langue
française qu'affectait le parti catholique belge, et que M. Wilmotte, dans une article de la *Revue de Belgique* du 1ᵉʳ octobre
1911, attribuait erronément à une aversion bien compréhensible
pour la France actuelle républicaine et libre-penseuse, était
beaucoup moins dirigée contre la langue française en particulier
que contre toute langue de grande culture en général, capable
d'éveiller, de développer et de transformer l'esprit d'un peuple.
Par un double phénomène historique et géographique, la langue
française était en Belgique la langue de l'intellectualité. Toute
autre, à sa place, eut été l'objet des mêmes suspicions et des
mêmes attaques. Le néerlandais en fit l'expérience de 1815 à
1830. Le mot d'ordre était d'enfermer le peuple flamand dans
un dialecte obscur et suranné afin de « sauvegarder sa foi et
ses vertus natives » et de continuer à s'en servir pour contenir
et opprimer la Wallonie libérale et démocratique.

Il y a quelques années, M. Waffelaert, évêque de Bruges,
ne recommandait-il pas officiellement à ses prêtres de combattre avec acharnement la « langue maudite » de Voltaire et
de Jean-Jacques Rousseau ? Et, pour bien montrer que ce
qu'il voulait c'était l'isolement intellectuel de la Flandre, n'ajou-
tait-il pas, qu'il fallait combattre avec un acharnement presque
égal, la pénétration de la « littérature néerlandaise », infectée
d'hérésie calviniste ou de rationalisme antireligieux ?

Un orateur de droite, M. Tack, disait le 14 juin 1907, à la Chambre des Représentants : « La France nous a doté du socialisme, de l'athéisme et de la libre-pensée. » Aucune de ces trois choses n'est, à proprement parler d'origine française, — mais c'est par la langue et la culture françaises que le peuple belge s'est trouvé en contact avec elles, et c'est là probablement ce que M. Tack voulait dire.

Au demeurant, le parti catholique belge s'est servi du mouvement flamand pour des fins de domination politique, comme les flamingants se sont servi du parti et du gouvernement catholiques pour étendre chaque jour leur propagande et leur force. On peut poser ici la question : Qui donc a été dupe ? Ce qu'il y a de certain, c'est que les initiateurs du mouvement flamand, ceux qui de loin et de haut dirigeaient toute la campagne, avaient des vues dont l'ampleur dépassait de beaucoup les intérêts et les calculs du parti catholique belge.

Celui-ci a été plus aveugle que coupable. Il s'est imaginé naïvement qu'il conduisait les événements alors que, par son égoïsme, il n'en était que le jouet...

VIII

La Wallonie et la Défense Nationale

L'organisation sérieuse et efficace de la défense nationale fut toujours une des préoccupations dominantes de la Wallonie. Elle se souvenait de cette parole de Thacqueray : « La Belgique n'est pas par elle-même fort belligérante, car elle se contente, depuis des siècles de fournir un champ de bataille aux autres nations. » Cette réflexion où s'aiguisait l'humour un peu froid de l'auteur de *Vanity Fair*, n'est rigoureusement exacte que si on la limite au territoire de la Wallonie. C'est dans les plaines voisines de la Sambre et de la Meuse que les nations étrangères venaient vider leurs querelles. Seneffe, Walcourt, Steenkerque, Ramilies, Fontenoy, Rocour, Jemmapes, Fleurus, Ligny, Waterloo, sont des noms de villages wallons. Il est vrai que la géographie de l'époque les situait en Flandre, où, comme le disait déjà un poète de la Pléïade « jamais la guerre ne défaut ». Fléchier dans la magnifique oraison funèbre de Turenne, pouvait s'écrier : « Flandre, théâtre sanglant où se passent tant de scènes tragiques, triste et fatale contrée, trop étroite pour contenir tant d'armées qui te dévorent!... » Mais cette Flandre-là était proprement la Wallonie actuelle dont le nom était alors inconnu. C'est elle seule qui se trouvait de temps immémorial sur la route fatale des armées internationales dont Tacite disait : « *Hac iter est bellis* . Les guerres que connurent les Flamands, sauf ceux de la Flandre gallicane, étaient, pour la plupart des guerres d'intérieur, des guerres de police et de répression, qui disparurent avec les causes locales qui les avaient fait naître. Mais c'était en Wallonie que venaient s'entrechoquer les ambitions rivales qui se disputaient l'empire du monde, et aussi longtemps que de telles passions n'étaient pas éteintes — et elles étaient loin de l'être hélas ! — les Wallons continuaient à vivre sous leur menace perpétuelle.

Ainsi, il se comprend qu'au Parlement belge ce furent toujours les députés et sénateurs wallons qui réclamèrent une organisation sérieuse et efficace de la défense nationale. Il se comprend de même qu'ils n'aient cessé de protester contre un système qui abandonnait de propos délibéré et sans secours leurs provinces au choc des armées étrangères. Là encore, l'antinomie des deux races belges se révélait sous un jour fâcheux. Le gouvernement et le parti qui le soutenait, accusaient les députés wallons de « militarisme », et ils s'adjugeaient les bénéfices électoraux de ce reproche auprès des populations flamandes qui ne voulaient accorder « ni un homme, ni un sou de plus » pour l'armée.

Les événements de la guerre actuelle sont venus démontrer que les réclamations et les craintes des Wallons étaient justifiées. Des préoccupations qui seront éclaircies un jour, sacrifiaient d'avance la Wallonie à de mystérieuses combinaisons stratégiques. Une fois de plus, elle a été ainsi la victime de la centralisation belge.

Tandis que la Chambre discutait le projet de loi sur l'emploi des langues à l'armée, loi que les députés flamands voulaient encore aggraver par voie d'amendements, le journal *La Lutte Wallonne* écrivait dans son numéro du 2 février 1913 :

Les Flamingants veulent aller jusqu'au bout, dans leur campagne d'aujourd'hui ! Nous n'avons plus, nous Wallons, à adopter l'attitude simplement défensive que nous avons eu le grand tort d'avoir jusqu'à présent à l'égard de nos adversaires.

S'ils veulent flamandiser toute l'armée, comme M. Persoons le

demande dans ses propositions, nous irons jusqu'au bout comme eux;
et nous réclamerons le recrutement régional de notre armée wallonne.

Comment ! C'est la Wallonie, qui seule est exposée aux premiers
dangers d'un envahissement; et c'est la Flandre qui, selon l'état
actuel de notre organisation militaire est seule défendue sérieusement. Nous reviendrons longuement sur ce côté impressionnant du
problème qui nous intéresse tous. Et la Wallonie céderait encore aux
prétentions de ses adversaires du nord, ces étranges compatriotes,
qui n'ont songé qu'à leur seule région d'abord dans la défense du
pays entier ?

Vraiment, le flamingantisme est mal venu d'oser soulever de nouvelles exigences se rapportant à l'armée. La Flandre est avantagée
extraordinairement, au détriment de la Wallonie, dans le plan connu
de notre mobilisation, le jour où une guerre éclaterait.

Déjà en 1912, l'Assemblée Wallonne avait demandé que la
rive droite de la Meuse fut défendue, en même temps qu'elle
protestait contre ce qu'elle appelait « la fuite organisée sur
Anvers ». Les écrivains militaires des Puissances voisines ne
cachaient plus depuis longtemps l'intérêt que pouvait offrir un
passage par certaines régions de la Belgique pour des armées
venant du Sud ou de l'Est. Des indices permettaient de croire
que le gouvernement belge songeait uniquement à se défendre
et à se maintenir dans ses forteresses, qu'il irait même jusqu'à
y retirer l'armée de campagne sans que celle-ci ait eu l'occasion
de s'opposer à un passage de vive force, soit seule, soit en
liaison avec des armées alliées.

Le 20 avril 1913, après un long débat consacré à l'examen
de l'organisation de la défense nationale, l'Assemblée Wallonne
vota l'ordre du jour suivant :

« L'Assemblée Wallonne, délibérant sur la question de la
défense nationale, *constate avec douleur que la Belgique n'a
pas rempli ses devoirs de protection envers la Wallonie,* que
celle-ci particulièrement exposée aux dangers de l'invasion et
aux horreurs de la guerre, n'est pas défendue, que les plans et
systèmes de la défense nationale ont comporté l'abandon des
provinces wallonnes. L'Assemblée Wallonne proclame l'urgente
nécessité d'assurer la défense efficace de la rive droite de la
Meuse. »

Si, par la tournure qu'ont prise ensuite les événements de la guerre actuelle, la Flandre, à son tour, a connu les horreurs de la guerre, ce fut par un de ces terribles retours de la destinée qui se joue des intentions des gouvernements et des hommes. Son abandon n'a pas été prémédité. Elle n'était pas sacrifiée d'avance. L'armée belge ne s'y est pas retirée sans combattre, s'efforçant ainsi de réparer, mais en vain, la faute qu'on avait commise en découvrant la Belgique centrale et en abandonnant la Wallonie. Certes, les Wallons se seraient soumis avec résignation au sort auquel ils ont été exposés dès les premiers jours de la guerre, si leur sacrifice avait pu être utile au bien général et au salut du pays. Mais ils n'avaient jamais cessé de croire et de dire qu'il serait inutile, voire même dangereux pour la Flandre elle-même de livrer toute une moitié du territoire aux belligérants afin qu'ils la transforment en champ de bataille pour leurs armées, et de concentrer exclusivement la défense *nationale* de la Belgique dans l'autre moitié. Les événements ne leur ont donné que trop raison.

Toujours les propositions de renforcer le système militaire du pays, non par des forteresses, mais par des effectifs de combat en rapport avec les ressources de la Belgique en hommes et en argent, sont parties des bancs de la Wallonie et c'est toujours à l'opposition obstinée des Flandres et du gouvernement qu'elles se sont heurtées (1). Déjà Paul Janson, qui fut député de Bruxelles et sénateur pour Liége, et qui, toute sa vie, resta un valeureux Wallon, disait à la Chambre, le 28 mars 1878 : « Il faut organiser la défense du pays par le pays... Il faut que chacun se sacrifie à son devoir. Il faut que tous les citoyens valides concourent à la défense de la patrie, et c'est alors qu'elle sera réellement forte et, j'ose le croire, invincible. Sans doute, c'est une lourde charge ; sans doute, c'est une dure nécessité qu'il faut subir. Mais prenons

---

(1) « L'enthousiasme flamand pour l'armée belge a toujours été maigre » écrivait M. H. Meert, dans sa réponse à la lettre de M. Destrée au roi Albert.

garde, pour ne pas avoir voulu l'accepter en temps de paix, comme une nécessité de salut public, de la subir, le lendemain de la conquête et de l'annexion par la volonté irrésistible de l'étranger... La solution vraie, c'est la solution démocratique. Et je me rappelle, Messieurs, que déjà en 1866, j'avais l'honneur de la défendre, en demandant l'abolition de la conscription et du remplacement. »

Le 27 novembre 1891, il revenait à la charge contre M. Helleputte, député de Maeseyck (Limbourg), qui demandait le volontariat (*niemand gedwongen soldaat* : nul ne sera soldat malgré soi) et M. Woeste, député d'Alost (Flandre Orientale), qui voulait le maintien du remplacement. Et Paul Janson prononçait ces paroles prophétiques : « Il en coûte très cher aujourd'hui d'avoir une patrie. Il en coûte un budget énorme, excessif, dont les dépenses pourraient évidemment être consacrées à des objets plus utiles. Il en coûte la nécessité d'avoir sous les drapeaux une armée déjà considérable en temps de paix, et d'y appeler en temps de guerre, tous les hommes valides. Mais si la patrie coûte cher à conserver, elle en coûte encore davantage à perdre... Si vous inculquez cette idée aux populations avec l'autorité que vous avez ; si le clergé voulait s'associer à vous, en réfléchissant que ses membres n'auraient pas, dans une nouvelle patrie, la situation privilégiée qu'ils occupent dans la nôtre ; si vous disiez au pays, aux conservateurs, ce que deviendront à la suite d'une guerre malheureuse la fortune publique et la fortune privée ; si vous leur montriez combien lourde serait la rançon de la conquête, la cause du service général serait bien vite gagnée. »

Le 1er décembre suivant, répondant aux Flamands de la droite qui préconisaient le volontariat, il disait encore : « Vous défendez la cause du volontariat... On peut même aller plus loin, au point de vue théorique, et dire — c'est ma manière de voir — que la guerre est une chose absurde et monstrueuse, que le budget de la guerre est un reste de sauvagerie. Le jour n'est peut-être pas éloigné où l'on comprendra que la guerre est exécrable. Mais nous n'en sommes point là, et il faut prendre des mesures transitoires. »

Et, sachant combien la majorité flamande et cléricale du Parlement était hostile à l'extension du service militaire, il proposait de faire une expérience. Il conseillait au gouvernement « de soumettre tous les citoyens valides exemptés à raison du numéro qu'ils ont tiré à la milice, à certains exercices militaires actifs, à une période de manœuvre de deux ou trois mois, à les rappeler au besoin, comme en d'autres pays, pendant quinze jours, pendant huit jours, pendant une période qui irait en diminuant à mesure que l'âge augmenterait, et à alléger ainsi, dans une large mesure, le service de ceux qui n'ont pas eu la chance de tirer un bon numéro et de pouvoir se faire remplacer. »

Peines perdues ! Les députés flamands avaient promis le volontariat à leurs électeurs, c'est-à-dire le système des mercenaires à haute paie. Les Flandres, région des plus bas salaires et des plus longues journées de travail, se promettaient merveille de ce système. Elles allaient envoyer en masse leurs jeunes gens à la caserne, avides de toucher la « rémunération » mensuelle, tout en étant logés, chauffés, nourris et blanchis, sans compter l'avantage de porter l'uniforme du roi et les préférences qui leur étaient reconnues, après leur terme de service, pour les emplois publics. Le système allait fonctionner de telle sorte que la conscription, maintenue provisoirement pour parer à toute éventualité, allait devenir inutile, l'affluence des volontaires devant suffire à former chaque année le contingent. Or, le fait ne se produisit nulle part. Curés et vicaires paroissiaux eurent beau se transformer en agents recruteurs, le tirage au sort, « la loterie du sang », ne cessa jamais de fonctionner dans aucun canton de milice, et le nombre annuel des volontaires, pour tout le pays, ne dépassa jamais trois mille. C'était la faillite du volontariat qui, institué par la loi de 1902, fut abandonné en 1910, et remplacé par le système « d'un fils par famille » qui ne valait pas beaucoup mieux.

Ce ne fut qu'en 1913, c'est-à-dire à la veille de la guerre actuelle, que le gouvernement belge se décida à adopter le service général, mais avec de tels tempéraments que la levée annuelle ne comportait que 49 % du nombre des inscrits, et que la loi ne pouvait sortir ses effets utiles qu'en 1919...

On trouve, dans un roman de Charles Dickens, *La Petite Doritt*, la peinture humoristique du « ministère des circonlocutions » dont tout le travail consiste à empêcher les réformes utiles d'aboutir. Dans ce ministère, on se livre à des études assidues et à un labeur persistant sur la manière *de ne pas faire* une chose nécessaire, et on s'y emploie, avec une dextérité savante, à mouvoir ce grand ressort gouvernemental, *ne pas agir*. Depuis 1884, le gouvernement flamand et réactionnaire de Belgique s'est ingénié à trouver toutes les combinaisons imaginables pour *ne pas réaliser* le service militaire général, ou, tout au moins, pour en reculer l'adoption jusqu'au moment où il ne pouvait plus être d'aucune utilité pratique. Une armée nombreuse n'eût été nécessaire à la Belgique que si elle avait eu l'intention de disputer pied à pied son territoire à un envahisseur éventuel et d'assurer, comme les Wallons le demandaient, la protection efficace de toutes les régions du pays. Or, les événements sont venus démontrer que telles n'étaient pas les intentions du gouvernement belge. La défense concentrée à Anvers, la nécessité de s'y maintenir pendant un temps qui pouvait être fort long, subordonnaient le nombre des combattants aux capacités de ravitaillement de la place. A moins de dévoiler son plan de campagne, le gouvernement ne pouvait faire connaître cette préoccupation aux Chambres. Harcelé sans cesse par l'opposition qui lui demandait d'instituer le service général, on le vit, pendant trente-cinq ans, à l'exemple du ministère des circonlocutions, s'épuiser en manœuvres de toute espèce, pour *ne pas faire* une chose nécessaire. De là, cette politique militaire incohérente et bizarre du gouvernement belge et de sa majorité, qui paraissait à tous inexplicable, et qui a finalement produit les résultats malheureux que l'on sait. Plût à Dieu qu'il eût écouté les Wallons lorsqu'ils lui. demandaient d'assurer la défense du pays par une armée composée de tous les Belges en état de porter les armes. Mais ceci était si loin de la pensée du gouvernement belge que, dans la discussion du projet des nouvelles fortifications d'Anvers, au mois de décembre 1905, le ministre de la guerre lançait aux députés flamands de la droite cette menace incroyable : « Si vous ne votez pas les nouvelles fortifications d'Anvers, il faudra augmenter les effectifs ! »

Une telle parole, dans la bouche d'un membre du gouvernement responsable de la défense nationale, n'éclaire-t-elle pas aujourd'hui la situation d'un jour éclatant ? Paul Janson la releva vertement dans son discours du 6 décembre, mais comme tant d'autres, hélas ! il n'en pouvait à ce moment comprendre la portée réelle et la mystérieuse arrière-pensée. Ainsi le gouvernement se servait, avec une habileté raffinée mais dénuée de scrupules, de la répulsion des Flamands pour le service militaire et des préoccupations électorales de la droite parlementaire pour entraîner la Belgique dans de dangereuses alternatives.

Le 31 mai 1897 Paul Janson, alors sénateur pour Liége et Houzeau de Lehaye, sénateur provincial du Hainaut, à l'effet de vaincre l'inertie du ministère, proposèrent d'ouvrir une consultation populaire sur ces deux questions :

« 1° Y a-t-il lieu de supprimer le remplacement ? »

« 2° Y a-t-il lieu de réorganiser l'armée en vue de renforcer la défense nationale? »

Le gouvernement fit rejeter la proposition en affirmant à sa majorité que tout était pour le mieux dans le meilleur des mondes, et que la proposition ne répondait à aucun besoin.

Le 21 novembre 1901, Paul Janson — car son admirable patriotisme était sans cesse en éveil — et Georges Lorand, député de Virton, demandèrent, par voie d'amendement de supprimer le remplacement et de décréter le service général en limitant au strict nécessaire la durée du temps de service.

Comme tous les membres de l'opposition, les auteurs de cette proposition avaient compris que le grand obstacle à la réorganisation de l'armée était le maintien du remplacement. « Le jour où le privilège du remplacement aura disparu, disait Paul Janson, — et il disparaîtra quoi que vous fassiez pour le maintenir — vous aurez le service général ; et le jour où vous aurez le service général vous aurez la nation armée. »

C'est pourquoi le gouvernement belge, suivant la méthode du ministère des circonlocutions dont parle Dickens, s'attacha à conserver le remplacement aussi longtemps que possible, afin de pouvoir *ne pas faire* une chose utile et indispensable pour la défense intégrale du pays.

Ce ne fut qu'en 1913, tandis que le bruit des armes retentissait déjà par toute l'Europe, que M. de Broqueville se décida, on ne sait sous quelles pressions, à proposer enfin le service général. Mais le système comportait des exemptions si nombreuses et des tempéraments si divers qu'en réalité ce n'était plus que l'ombre du service général. En outre, il s'échelonnait sur un si long laps de temps qu'il ne pouvait être d'aucune efficacité sérieuse pour des événements que tout le monde craignait de voir éclater à la première occasion et que, M. de Broqueville lui-même, dans la séance secrète de la Chambre, avait présentés comme imminents. Georges Lorand proposa alors un système mûrement étudié qui eut permis à la Belgique de mobiliser une armée de 350,000 hommes en moins d'une année. C'eut été le salut. Le gouvernement le repoussa dédaigneusement.

Aux membres de l'opposition qui refusaient d'accepter son embryon de service général, M. de Broqueville se contenta de rendre un hommage un peu naïf, doublé d'un aveu : « Qu'avez-vous *toujours* réclamé ? Vous avez *toujours* réclamé le service général. Or le projet de loi assure le service généralisé *(sic)*. Vous repoussiez également la limitation du contingent par la loi organique. Or, cette limitation ne se trouve plus dans la loi. »

Dans un discours prononcé à la Chambre, le 5 février 1913, Jules Destrée se faisait l'écho de toute la Wallonie au sujet de la situation militaire :

« Nous, Wallons, disait-il, cette question nous touche, elle nous touche plus que vous autres, gens d'Anvers, que vous autres gens de Bruxelles qui irez réfugier vos coffres-forts et vos personnes dans le réduit national, à l'abri tranquille de toutes les horreurs de l'invasion. Car, c'est là la menace qui nous angoisse.

» Notre pays non défendu offre à nos grands voisins *la tentation* d'un passage commode, et si, dans le désir de vaincre, il s'y résoud, ce n'est pas dans les jardins de la Flandre qu'il ira se promener, ce sera le long de la vallée de la Meuse et de la Sambre, dans les forêts de l'Ardenne, et ainsi ce sont nos populations wallonnes qui sont directement exposées. Et quand M. du Bus de Warnaffe, dans son rapport, nous montre tous les camps qui, à la frontière immédiate, menacent la Belgique, nous voyons tous qu'aux premières escarmouches de guerre internationale, ce sont nos usines fermées, nos établissements de crédit en faillite, la ruine de nos industries et le chômage de nos ouvriers, ce sont les voies de chemins de fer réquisitionnées pour le passage des troupes, c'est la famine, la maladie, ces suiveuses des armées.

» Nous savons tout cela, et c'est pourquoi au nom de la Wallonie, nous avons le droit de dire au gouvernement : vous n'avez pas fait votre devoir vis-à-vis de nous, vous avez été traître à la partie méridionale du pays que vous avez exposée à toutes les horreurs de la guerre. »

On sait ce qui est advenu.

Dès le 20 août 1914, la Wallonie tout entière a été occupée, parce que l'armée belge s'était retirée dans Anvers « sans avoir été entamée », comme il est dit dans le Rapport du Commandant de l'Armée, et que toute la défense du pays a été concentrée, à partir de ce moment jusqu'au dernier jour de la résistance, dans la région flamande.

La Wallonie n'a pas été défendue parce que nous n'avions pas assez d'hommes pour la défendre. Si nous n'avions pas d'hommes pour la défendre, c'est que l'intention dès long-temps arrêtée d'enfermer quoiqu'il arrivât l'armée de campagne dans Anvers, s'opposait à l'accroissement des effectifs.

Ainsi la Wallonie a été sacrifiée à une combinaison stratégique qui s'inspirait elle-même d'une arrière-pensée hasardeuse et pleine de périls. L'histoire le démontrera un jour.

En attendant, il faut noter que le système de service généralisé de M. de Broqueville, si insuffisant qu'il fut, parut encore exagéré aux Flamands.

Le député Daens (d'Alost) le proclamait à la Chambre dans la séance du 22 mai 1913 : « Le pays flamand a accueilli avec angoisse et terreur la nouvelle loi militaire que le gouvernement veut imposer à la Chambre. Le ministre nous demande de résoudre le problème militaire. Eh bien, le problème militaire n'existe pas pour nos populations rurales qui ne s'intéressent qu'à leurs travaux quotidiens, à leur ménage et à leurs petites métairies. A l'assemblée générale des agriculteurs catholiques de l'arrondissement de Gand, la loi militaire a été conspuée et maudite. Notre collègue, le député Maenhout, y a déclaré formellement que la loi militaire était la mort de notre agriculture et que, comme représentant plus spécialement des intérêts agricoles, il lui était impossible de la voter. »

Les paysans flamands, en effet, se croyaient à l'abri de l'invasion. Leurs champs et leurs métairies leur paraissaient situées en dehors de l'itinéraire historique des armées belligérantes, et dès lors pour eux, comme le disait M. le député Daens, « le problème militaire n'existait pas ».

IX.

Flamands et Wallons

Le caractère particulier des deux peuples, le flamand et le
wallon, n'a pas été étudié jusqu'ici avec une objectivité suffisante. On trouve bien de-ci, de-là, dans les œuvres des écrivains
belges, des peintures châtoyantes de ces milieux si divers,
mais on y a apporté communément des couleurs si conventionnelles que l'image n'en correspond guère à la réalité. Ce
sont, pour la plupart, des exercices de rédaction où abondent
les ponctifs d'école, les idées toutes faites et les préventions
livresques, sans compter les partis-pris de panégyrique ou de
dénigrement, selon la race ou l'humeur du moment. L'observation directe et minutieuse en est trop souvent absente. Rien
d'ailleurs n'est si difficile et si ingrat que de décrire le tempérament et le caractère d'un peuple. On connaît les mécomptes
— dont quelques-uns célèbres — auxquels a donné lieu ce
genre de littérature. On croit avoir tout dit quand on a énoncé
que le Français est vain et léger, que l'Allemand est lourd et
pédant, que l'Anglais est sans-gêne et pratique, que l'Espagnol
est hâbleur et paresseux. Les faits ne contredisent que trop
souvent ces jugements sommaires. Il faut avoir vécu successivement dans les milieux respectifs, partagé la vie des habitants

assez intimement pour s'adapter leur conception des hommes
et des choses, et prendre ensuite un certain recul qui permet
de saisir nettement les contacts et les contrastes. Si, par surcroît,
le Ciel vous a doué de facultés d'observation et que vous
sachiez dépouiller les préjugés et les présomptions de votre
propre milieu, le portrait aura des chances d'être ressemblant.

Combien de fois n'a-t-on pas lu, dans les œuvres des écrivains belges, comme indication du trait distinctif de nos deux
races, que le Wallon est bavard, tandis que le Flamand est
silencieux. Or, rien n'est moins exact. Le Wallon, il est vrai, est
volontiers causeur. Il a le caractère liant, la parole prompte et
facile. Mais il n'est pas bavard. Le bavard est celui qui parle
hors de propos, qui dit des choses qui ne valent pas la peine
d'être dites, et surtout des choses qui ne doivent pas être
dites. Malgré son apparente prolixité — toute relative d'ailleurs — le Wallon connaît la valeur des mots et le poids des
paroles. Il aime à dire les choses qu'il croit bonnes à dire et
agréables à entendre. Il tient à donner de lui l'impression
d'un homme poli et prévenant. Il sait toujours ce qu'il dit et
encore mieux, peut-être, ce qu'il ne dit pas. Le Flamand, lui,
dit tout ce qui lui passe par l'esprit, bon ou mauvais, comme
par impulsion, et son esprit est parfois fort court. Il n'a ni le
don ni la faculté de choisir. Son âme d'enfant transparaît à la
moindre occasion. Il est rebelle, par nature, aux conventions
sociales, surtout à celles qui exigent quelque délicatesse dans
le langage ou dans les manières. Des rapports dont la nuance
et le tact font tout l'agrément, sont sans charmes pour lui. Il
parvient malaisément à dominer son tempérament. De là, ces
périodes de passivité aveugle suivies d'à-coups de révolte qui
caractérisent le Flamand, aussi bien comme peuple dans l'histoire, que comme individu dans la société. Dans la conversation,
il lui arrive souvent de froisser un interlocuteur peu fait à sa
rudesse et à sa brusquerie. Quand il s'aperçoit qu'il l'a blessé,
il n'en éprouve ni peine, ni regret. Au demeurant, il cherche
plus à étonner qu'à plaire.

Le Wallon ressemble assez fidèlement à ce portrait que Francisque Sarcey traçait du Bourguignon : « haut en couleur, la mine gaie, avenante, la parole sonore, le geste exubérant ». En outre, Sarcey parlait « des grosses gaietés bourguignonnes », sœurs évidentes des joyeuses cordialités wallonnes. Mais, ne vous y trompez pas ; cette belle humeur n'exclut pas une réserve toujours éveillée qui, si elle ne s'apparente pas à la ruse normande, tient beaucoup cependant de la finesse picarde. Le Flamand, qui ne la comprend pas, l'attribue à une fausseté du caractère : « *wat walsch is, valsch is* (ce qui est wallon est faux). La bonhomie n'est pas nécessairement de la naïveté; et les Flamands l'ont parfois appris à leurs dépens.

Le Flamand appartient depuis des siècles à une race de commerçants et de trafiquants. Elle a connu maintes époques de grande prospérité, mais, comme il arrive toujours chez les peuples spéculateurs, elle a aussi traversé de longues crises de revers et de gêne. La fortune, en Flandre, a souvent changé de mains. On rencontre là, peut-être plus fréquemment qu'ailleurs, de ces familles bourgeoises rapidement enrichies, qui n'ont pas toujours eu le temps d'apparier leur ton et leurs manières à leur nouveau rang. Le Flamand a un esprit très aigu du négoce. Il est actif et entreprenant. Il sait acheter et vendre avec à-propos. A tort ou à raison, il passe pour ne pas être très scrupuleux. Sa rudesse impulsive et sa naïveté apparente le servent plus d'une fois pour conclure une bonne affaire. Sur les confins du Brabant, il y a un proverbe qui dit : « Si vous voulez être trompé, allez en Flandre. »

De temps immémorial, la grande culture était la seule source de richesse de la Wallonie. Certes, depuis une cinquantaine d'années, par suite des gisements de charbon, l'industrie y a pris un développement extraordinaire. Mais les Wallons ont conservé en général les mœurs et les habitudes d'esprit des populations attachées à la terre. Ils sont économes, prudents, souvent même liardeurs. L'aisance est grande en Wallonie. Elle provient plus de la restriction volontaire des besoins, de l'épargne accumulée que des bénéfices rapides réalisés par des opérations spéculatives. Dans telles petites villes wallonnes où l'on a appliqué, il y a quelques années, l'impôt sur le revenu, on a été stupéfait de constater le nombre de gens, d'apparence humble, qui accusaient un avoir de plus de cent mille francs. Le Wallon n'a pas l'esprit d'entreprise et d'aventure du Flamand. Il tient plus à conserver ce qu'il a qu'à acquérir des biens nouveaux. Il en résulte naturellement un certain défaut d'activité, un manque d'initiative. Le Flamand vit plus intensement. Le Wallon aime mieux se sentir vivre.

Comme tous les peuples commerçants, le Flamand connaît mieux l'art de gagner de l'argent que celui de le garder. Il est volontiers dépensier. Il aime le luxe, l'éclat, la toilette, le bruit, les couleurs, et il se complaît à étaler sa richesse. Il ne serait pas le peuple artiste qu'il est, s'il ne sacrifiait pas quelque peu à l'apparat. Les deux choses d'ailleurs vont de pair, et de tout temps la floraison des arts a été liée étroitement à la prospérité du commerce. Les gens de même condition vivent sur un tout autre pied en Flandre qu'en Wallonie. Ici, la mise est plutôt modeste ; les dépenses sont mieux réglées ; on y vit moins pour le dehors. Les peuples agriculteurs et industriels ne sont pas artistes. Les Flamands se plaisent qu'on les regarde et qu'on parle d'eux. Il y a toujours une certaine part d'ostentation dans tout ce qu'ils font, qui se traduit dans leur costume, dans les façades de leurs maisons, dans leur façon de vivre, de parler, de marcher. La sortie d'une messe musquée est un bien autre spectacle en Flandre qu'en Wallonie. On y voit nombre de belles Flamandes surchargées de bijoux, d'étoffes de prix, d'ornements coûteux, parées comme des autels de Jeudi-Saint. Elles n'y mettent pas toujours de la discrétion, et une reine de France en visite à Bruges dut un jour leur en faire la remarque malicieuse. « Je croyais être seule reine ici, disait la femme de Philippe-le-Bel, et j'en vois des centaines autour de moi. » Les Flamandes sont presque toujours jolies : elles ont une figure avenante quoique souvent sans expression, et suppléent agréablement par le relief au défaut de la ligne.

W. Burger, dans ses *Etudes sur l'art hollandais*, en fait un amusant éloge : « Les femmes d'Anvers, dit-il, ont de la pomme ou de la pêche ; les fillettes de la cerise ; il y en a dans la campagne qui ont de l'abricot hâlé ou vermillonné au grand air ; d'autres ont de la poire où il en faut. Ce qui frappe dans la beauté du Nord, c'est toujours le modelé et non les lignes. Dans le Nord la forme ne s'accuse pas par le contour, mais par le relief. La nature, pour l'exprimer, ne se sert pas de ce qu'on appelle le dessin proprement dit. Si vous vous promenez une heure dans une ville d'Italie, vous rencontrerez des femmes correctement découpées, dont la structure générale rappelle la statuaire antique, dont le profil rappelle les camées grecs. Vous pourriez passer un an à Anvers sans apercevoir une forme qui donne l'idée de la traduire par un contour, mais bien par une saillie que la couleur seule peut modifier. »

Les hommes sont moins avantagés : Taine parle des « hures de Flamands » et Goethe de « Flämische Gesichte ».

L'amour du luxe, le désir de paraître portent plus d'une fois le désordre dans les finances des familles flamandes. Mais elles prennent volontiers sur leur bouche de quoi garnir leur garde-robe. Elles se contentent souvent de mets vulgaires, et l'ordinaire des bourgeois flamands n'est pas beaucoup plus relevé que celui des ouvriers en Wallonie. « Habit de velours, ventre de son » est un proverbe qui trouve fréquemment son application en Flandre. Le plaisir de se promener consiste à se montrer, et le jour où l'on traite des amis et où l'on met les petits plats dans les grands, il est bon que toute la ville le sache. Les classes moyennes rivalisant avec l'aristocratie d'affaires et d'argent, les petites bourgeoises aimant à se donner des allures de grandes dames comme ces femmes de Bruges qui voulaient éclipser la reine de France, beaucoup de ménages n'hésitent pas à recourir aux expédients.

L'écart énorme que l'on relève dans les dépôts des caisses

d'épargne en Flandre et en Wallonie n'a pas d'autres causes que ces mœurs dispendieuses des populations flamandes. (1)

La Flandre aime la pompe, la mise en scène, le décor, les cortèges, les bannières. Les fêtes publiques y sont d'une somptuosité qui n'est égalée nulle part. Le Flamand sacrifie à l'extérieur : il s'applique à parler beau, se regarde dans les glaces, arrange sa figure, parle haut pour qu'on l'entende et cherche toujours, par un détail quelconque, à attirer l'attention. Pourvu qu'on parle de lui, soit en bien soit en mal, il est content. Volontiers il brave le « qu'en dira-t-on ? » qui exerce une si impérieuse discipline en Wallonie.

L'orgueil et la vanité furent jadis les deux pôles de l'âme flamande. Les grands communiers croyaient avoir tout dit quand ils avaient dit : « Nous, de Flandre! » Leur intelligence et leur éducation malheureusement n'étaient pas toujours à la hauteur de cet orgueil, et l'on se rappelle que les conseillers de Louis XI, qu'ils avaient stupéfaits de leur faste et de leur morgue, portèrent sur eux ce jugement cruel : « Ce ne sont que bêtes ! »

L'histoire légendaire et anecdotique, la folklore, les sobriquets locaux continuent de nos jours à rappeler ces traits caractéristiques de l'âme flamande. La malice populaire est experte à saisir les petits travers de chacun. Chez les Belges du Nord, elle signale de préférence l'orgueil, la vanité et cette prédisposition de l'esprit qui confine à l'exaltation. Qui ne connaît en Belgique les « Seigneurs » de Gand (une grande fierté native, dit De Raedt dans son ouvrage *Les Sobriquets des Communes belges*, a toujours été, et est encore de nos jours

---

(1) Il existe en Belgique, en dehors de la Caisse d'Epargne instituée sous la garantie de l'Etat, quatre Caisses d'Epargne municipales. Deux sont situées en Wallonie (Nivelles et Tournai); deux en pays flamand (Alost et Malines). La population des deux villes flamandes l'emporte du double sur celle des deux villes wallonnes. Or, voici quel était le montant des dépôts au moment où la guerre a éclaté. Nivelles : 4.443.600 fr. — Tournai : 4.457.457 fr. — Alost : 655.441 fr. — Malines : 204.430 fr.

la caractéristique des enfants de l'antique capitale de la Flandre), les « senors » anversois, allusion à la morgue qu'ils ont héritée des Castillans (au XVIIe siècle on disait déjà *Antwerpen boven* : Anvers au-dessus de tout). Les « arrogants » de Renaix (*overmoedige*), les « faquins » de Courtrai *(Kortrijksche tawers)* (parce que, dit encore De Raedt, ils sont très élégants, toujours tirés à quatre épingles, très prétentieux, aimant à se promener aux alentours pour éblouir les paysans de leur luxe), les « orgueilleux » de Termonde, *(hoog van gemoed)*, les « fous » de Bruges (qui, ayant à choisir, d'après la légende, entre deux présents que leur offrait Charles-Quint, choisirent le plus somptueux mais qui ne pouvait leur être d'aucune utilité), les « vantards » de Bruxelles *(stoeffers,* parce qu'ils ont l'habitude de dire de temps immémorial : il n'y a qu'un Bruxelles).

Cette exaltation de l'esprit, cette tendance à la mégalomanie, comme on dirait aujourd'hui, a souvent inspiré la verve narquoise des peintres de l'école flamande, et la scène du charlatan occupé à inciser le cerveau de ses concitoyens pour les guérir de leur mal chronique a été traitée plus d'une fois depuis Breughel le Jeune qui en fit un tableau célèbre, aujourd'hui à la Galerie d'Augsbourg. Mais guérit-on de la folie de l'orgueil ?

Une vieille chronique française disait déjà :

> « Flamens qui mieux cuident valoir
> Par l'orgueil qui en eux abonde
> Que gent qui soit en tout le monde.. »

Messire Loys Guichardin, gentilhomme florentin, traduit par Belleforest, portait déjà au XVIe siècle, dans sa *Description de tous les Pays-Bas,* ce témoignage sur les Flamands : « Ils sont hauts à la main et trop grands parleurs, et s'ils s'ombragent et prennent quelque caprice, ils deviennent soupçonneux et s'obstinent en leurs fantaisies. »

Le Flamand, individualiste à outrance, a, en effet, l'esprit inquiet, tourmenté, contrariant, et il a en outre la manie de la persécution. Sous la féodalité, il était toujours en lutte contre ses comtés ou contre le suzerain. Sous le régime espagnol, il mourait en martyr pour la Foi Réformée. A l'époque de la domination autrichienne, il prenait les armes pour défendre les droits de l'Eglise romaine. Sous le royaume des Pays-Bas il était « fransquillon ». Sous le régime belge, il devint « Sud-Néerlandais ». Cet éternel esprit d'opposition faisait dire à J. F. Willems, le père du mouvement flamand, bien placé pour connaître ses compatriotes : « Nous faisons toujours contraste ! »

Certes, la culture intellectuelle tend à atténuer ces défauts. Elle a lentement pour effet d'uniformiser et de fondre les caractères des divers peuples. Mais un observateur attentif peut aisément retrouver les traits distinctifs des races, sous les apparences les plus homogènes.

Un vrai Flamand possède toujours une âme d'artiste, de héros ou de martyr. On peut donc excuser qu'il en ait la fatuité, l'ingénuité, l'irritabilité et toutes les illusions. Le Wallon, infiniment plus prosaïque, a moins le souci des attitudes, moins de goût pour l'originalité, partant moins d'imagination. Il aspire avant tout à la « conformité » qui exclut le pittoresque, et il professe un respect marqué de la discipline sociale qui pèse parfois à son frère du Nord. Il apporte en tout de la mesure, un bon sens aiguisé et une certaine philosophie pratique qui lui permet de ne jamais rien s'exagérer, ni heur ni malheur, et d'arriver toujours à ses fins, ce qui est l'essentiel.

Ecoutez, aujourd'hui encore, nos orateurs flamands, ceux de la chaire, aussi bien que ceux de la tribune. Ils sont véhéments, enflammés, grandiloquents et excessifs. On dirait toujours, à les entendre, qu'Annibal est aux portes. Souvent, ils ont des yeux inspirés et des gestes d'illuminés. Un feu sacré les anime. Un public enthousiaste les écoute. Au fond de toute âme flamande couve toujours une étincelle de fanatisme. On agite les bannières, on pousse des acclamations retentissantes, on entonne des chants de révolte ou de menace. Les sentiments sont toujours portés à l'extrême. Toute une ville défila un jour devant un chapeau effleuré par un sabre de garde-civique, qui était devenu un symbole et un trophée. Les Hollandais ont admirablement résumé ce caractère en faisant du nom de *Flamand* l'équivalent du mot *gascon* en français.

Le Flamand tranche de tout avec une fatuité désarmante, et il prend son pays pour le nombril du monde. Au-dessus de tout, il exalte les vertus flamandes, les mœurs flamandes, et il est convaincu, comme d'un point de foi, qu'au-delà il n'y a que corruption, dévergondage et impiété.

Ces prédispositions spéciales du caractère flamand, plus marquées dans la bourgeoisie et les classes moyennes que dans le peuple, ont un terrible revers : la déchéance économique et morale des masses rurales et ouvrières en Flandre, envers lesquelles les classes dirigeantes, butées dans leur égoïsme orgueilleux et dominateur, n'ont que trop souvent négligé leurs devoirs.

En somme les Flamands, aujourd'hui comme hier, n'ont jamais su, à l'égal des Wallons, se plier aux réalités contingentes et s'accommoder de leur sort. Malcontents perpétuels, ils sont toujours en gestation de quelque idéal inaccessible. Dominés par leur tempérament, ils sont sans cesse exposés à des sautes d'humeur et à des retours d'instincts, qui déconcertent les meilleures prévisions. Leur esprit difficile et farouche a, de tous temps, attiré sur leur patrie, cette instabilité de la destinée qui est la caractéristique de leur histoire. Aujourd'hui que, grâce à l'autonomie régionale, ils vont devenir leurs propres maîtres, on peut espérer qu'ils sauront enfin donner au monde la mesure de leur valeur, de leur sagesse et de toutes les qualités qui sont nécessaires à une nation pour avoir sa place au soleil.

X.

La séparation administrative

La séparation administrative n'est pas une chose nouvelle en Belgique. On peut dire que ce régime est le plus conforme à l'esprit et aux traditions des habitants. Les anciens Pays-Bas méridionaux constituaient une Fédération d'Etats. Le lien qui rattachait les différentes parties du pays était plus serré que celui qui existe entre les cantons suisses, mais moins étroit que celui qui unit les Etats de l'Amérique du Nord. C'est l'esprit centralisateur de la Révolution française qui brisa cette vieille organisation, abolit l'autonomie des provinces et fut l'embryon de l'unité belge. Cette unité ne pouvait être basée que sur l'uniformité du langage. C'est pourquoi les premiers gouvernements de la Belgique entreprirent d'extirper le bilinguisme. Mais ils furent débordés par le mouvement flamand, et à mesure que celui-ci prenait plus de force et d'ampleur, le retour à la forme fédérale apparut de plus en plus inévitable.

Il est à remarquer qu'après la chute du régime français en 1815, l'opinion publique en Belgique demandait le rétablissement de l'ancien ordre des choses. Il y avait alors un parti puissant qui réclamait la restauration de la domination autrichienne avec la restitution des privilèges de la noblesse, des Etats et du clergé. Falck, ministre de Hollande à Bruxelles, écrivait à Hoogendorp que ce parti était « celui des grands seigneurs ayant derrière eux les plus rusés moines et des membres des Etats de feu la Joyeuse-Entrée ».

Bientôt se posa la question de l'annexion à la Hollande et la clause secrète du traité de Paris par lequel les Puissances avaient disposé des destinées de la Belgique, fut révélée. De nouveau l'idée d'une confédération se posa tout d'abord. Antoine Barthélemy, membre du corps municipal de Bruxelles, jurisconsulte considéré, dont actuellement encore un boulevard de Bruxelles porte le nom, écrivit une brochure : *De la réunion des provinces hollandaises et belgiques.* « La plupart des Belges, disait l'auteur, semblent désirer sous un même souverain, deux gouvernements distincts, des intérêts séparés, c'est-à-dire une fédération plutôt qu'une réunion. »

Barthélemy avait vu juste. Le royaume des Pays-Bas était un grand et beau royaume qui eût pu défier le temps et les événements pour peu qu'on eût respecté les aspirations particularistes des peuples qui le composaient. Mais le Roi de Hollande entreprit une tâche au-dessus des forces humaines en essayant de réaliser un « amalgame » impossible. Quinze ans après, une révolution violente sépara les deux peuples.

Cette révolution aurait pu être évitée si le gouvernement hollandais avait accepté de se rallier au projet d'un lien fédératif qui, de nouveau, venait d'être proposé par les Belges. De Potter, un des chefs principaux du mouvement insurrectionnel, y voyait le seul moyen de salut pour l'Etat. Au début, beaucoup de révolutionnaires ne voulaient rien au-delà de la séparation administrative. Ils l'avaient assignée comme but à leurs efforts. Mais, comme il arrive toujours, quand les événements se précipitent, plus personne n'en est le maître.

Voici ce que, en 1829, De Potter écrivait au Roi de Hollande :

« ... Dès ce jour, nous reprenons notre indépendance que nous n'avons point eu l'intention de vous aliéner gratuitement. Réglez vos opinions, vos écoles comme vous le trouverez convenable, et laissez-nous la liberté des nôtres, gardez vos mœurs, vos habitudes, votre langue, et laissez-nous notre langue, nos habitudes, nos mœurs; faites des lois exclusivement dans l'intérêt de votre commerce, nous en ferons dans celui de notre agriculture et de notre industrie... Gouvernez, administrez, réglementez chez vous autant que bon vous semblera, nous essaierons chez nous de conserver le plus possible de liberté à chacun, confiant plus souvent le soin de l'ordre public au bon sens et à l'arrêt du plus grand nombre qu'à l'éternelle intervention d'une autorité vétilleuse et tracassière, retournez dans vos foyers, et créez-y des places pour cette foule innombrable d'entre vous qui est toujours prête à s'atteler au char du pouvoir, pourvu que le pouvoir le nourisse grassement à son ratelier... Ainsi finira cet état de choses pénibles, contre nature, de deux moitiés de corps social, dont l'un doit nécessairement opprimer l'autre...

» N'étant plus confondus dans un supplice commun devenu insupportable, nous serons plus que jamais alliés pour notre défense comme nation.

» Voilà, Sire, ce que les Belges voudraient ne jamais devoir dire à leurs concitoyens du Nord, mais ce qu'il leur diraient sans hésiter si des ministres imprudents continuaient à provoquer ce langage sévère. »

En même temps, De Potter formulait un projet de séparation administrative qui aurait pu, dans l'esprit de son auteur, empêcher la dislocation violente et définitive de l'ancien royaume des Pays-Bas, en restituant à chacune de ses parties son autonomie et sa liberté.

Lorsque la Révolution belge fut un fait accompli et qu'il fallut choisir une forme de gouvernement pour le nouvel Etat, l'idée fédéraliste retrouva des partisans nombreux et éloquents. Gendebien obtint de ses collègues du gouvernement provisoire le mandat d'aller à Paris défendre un projet de fédération des provinces belgiques. Un journal, l'*Emancipation*, qui s'éditait à Bruxelles, menait vigoureusement campagne en faveur d'un régime calqué sur les institutions suisses. Mais les vents étaient à la centralisation. Les vieux particularismes paraissaient avoir abdiqué pour toujours. Flamands et Wallons semblaient avoir scellé un pacte d'amitié éternelle. Une querelle de langues et de race n'entrait plus, pensait-on, dans le champ des réalités probables ni même possibles. Le rouleau belge qui commençait à fonctionner, allait tout niveler.

« Incontestablement, écrivait M. Emile Buisset, député de Charleroi, dans le journal l'*Express*, de Liége, du 28 juin

1912, une erreur a été commise en 1830. Imbus des idées d'unité absolue qui ont prévalu en France, après la chute des Girondins, nos constituants n'ont pas compris, même après la leçon que le divorce avec la Hollande venait de leur donner, qu'il était dangereux d'unifier étroitement au point de vue administratif et politique un pays où vivaient deux races parfaitement distinctes par la langue, les mœurs, la façon séculaire de penser. On a méconnu la formation historique de ce peuple double qui, plus que tout autre peut-être avait joui de la plus franche autonomie régionale et provinciale. Il n'y a jamais eu avant 1830, de nationalité belge telle qu'elle est constituée aujourd'hui. Il y avait des Etats belgiques, soumis envers le Prince à des obligations qui n'étaient du reste pas toujours identiques et possédant une large indépendance les uns vis-à-vis des autres... L'heure a sonné, où il faut, mettant à profit l'expérience du passé, revenir à un régime politique plus rationnel... A présent la question est posée ; et il faudra absolument, quoi qu'il arrive, qu'elle reçoive une solution adéquate à nos aspirations légitimes. La Province libre dans l'Etat fédératif aux attributions nettement limitées à des œuvres d'intérêt commun : armée, magistrature supérieure, travaux publics d'intérêt interprovincial, tel sera le programme qui triomphera forcément, parce que lui seul est à même de donner à la Belgique la tranquillité morale dont elle a besoin pour assurer son avenir et échapper aux divisions douloureuses dont nous commençons à prévoir l'intensité passionnée et l'irréductible acharnement. » (1)

L'idée prend corps. Le 20 octobre 1912, l'Assemblée Wallonne tient sa séance constituante à Charleroi, à l'Université du Travail, et adopte la motion suivante, qui devient l'article IX de ses statuts : « Persuadée que l'unité belge, basée sur la

---

(1) Même son de cloche chez les Flamands (non politiques) dès avant la guerre : « On aurait dû tenir séparé en 1830, disait M. H. Meert, ce qui ne peut jamais former un amalgame sans lésion de droits. (*Réponse à M. Destrée*).

domination d'une race sur l'autre, serait impossible à conserver et à défendre, elle affirme que la Belgique ne peut
poursuivre ses destinées que par l'union des peuples qui la
composent, *union basée sur une indépendance réciproque* et
faite d'une entente loyale et cordiale. »

L'*Express* de Liége, qui est devenu l'organe des séparatistes
wallons, imprime en manchette, plusieurs jours de suite :
« Il y a deux peuples en Belgique ; l'un ne peut toujours être
l'esclave et l'autre le maître. L'un ne peut toujours comman-
der, l'autre obéir. »

Le 20 avril 1913, l'Assemblée Wallonne adopte un drapeau
séparatiste. A l'étendard de la Flandre timbré au lion noir, elle
oppose le coq rouge sur fond jaune cravaté aux couleurs
nationales belges. Les armes de Wallonie seront le coq hardi
de gueules sur or avec le cri : *Liberté* et la devise : *Wallon
toujours*. L'Assemblée choisit aussi, pour fête nationale de la
Wallonie, l'anniversaire des journées de la Révolution de 1830
que la Belgique avait continué à célébrer officiellement jusqu'en 1880, mais qu'elle dut abandonner à cette date sur les
injonctions des flamingants qui refusaient de s'associer à une
glorification rappelant le déchirement du royaume des Pays-
Bas.

Le 16 novembre 1913, l'Assemblée Wallonne tient ses assises
à Liége, à l'Hôtel de Ville, dans la salle du Conseil municipal :
« L'Assemblée Wallonne », déclara l'échevin Falloise, au nom
de l'Administration communale, « est la représentation organisée de toutes les parties de la Wallonie, de Verviers à Tournai, de Nivelles à Arlon. C'est ce qui lui confère une dignité
particulière que la ville de Liége a tenu à saluer. » Jules
Destrée, secrétaire général de l'assemblée, répondit en ces
termes : « Entre Flamands et Wallons, nous voulons l'union
et nous répudions l'unité. Nous voulons l'union librement
acceptée et consentie, l'union qui respecte les originalités et
les tendances propres à chacun des peuples ; nous répudions
l'unité imposée par la contrainte, l'unité qui nivelle les qualités

différentes dans une médiocrité commune. Nous accordons volontiers aux Flamands la liberté, mais nous réclamons pour les Wallons une liberté égale. »

On prétendit, dans la presse gouvernementale, que tout ce mouvement n'était que l'écho d'un dépit électoral que le temps ne manquerait pas d'atténuer et de faire disparaître. Il est certain que les élections du 2 juin 1912, en montrant à la Wallonie l'inanité définitive de tous ses efforts pour reconquérir sa place dans les Conseils de la Couronne, furent la goutte d'eau qui firent déborder le vase. Mais le mouvement avait des racines profondes. Il avait été indiqué dès le 9 mars 1910, par M. Emile Dupont, sénateur de Liége, et bien plus longtemps auparavant par Jules Bara, député de Tournai, ancien ministre de la Justice et ministre d'Etat (1). « On nierait l'évidence, écrivait la revue *Wallonia*, en soutenant que la vogue actuelle dont jouissent les projets de séparation administrative provient de la dernière campagne électorale. » (2)

Le mouvement fut suivi par les corps constitués.

En 1912, les Conseils provinciaux du Hainaut et de Liége adoptèrent un ordre du jour tendant à l'extension de l'autonomie des Provinces et protestant contre l'oppression du pouvoir central, dont elles étaient trop souvent victimes.

Il n'est pas sans intérêt de rappeler ici le texte de l'ordre du jour qui fut voté par le Conseil provincial du Hainaut, sur la proposition de M. François André, son président :

« Considérant que la centralisation à outrance est un danger dans un pays comme le nôtre, composé de deux peuples ayant

---

(1) Le journal *La Meuse*, de Liége, qui recevait les inspirations de Frère-Orban et ne publiait rien qui ne fut conforme à ses vues, développa vers 1892 un projet de séparation administrative et politique de la Belgique « à l'instar de ce qui existait et fonctionnait dans la presqu'île scandinave, la Suisse et l'Autriche-Hongrie ». V. un article de M. Vercamer, *Flamands et Wallons*, dans la *Revue de Belgique*, n° du 15 Août 1892.

(2) *Wallonia*. — 1912, p. 434.

des origines, des langues, des aspirations et des sensibilités différentes ;

» Considérant que la tradition historique belge ne fut jamais dans l'unité, mais dans la fédération des principautés autonomes, amies, indépendantes les unes des autres ;

» Considérant pourtant qu'il importe que l'unité nationale, œuvre de la diplomatie, ne soit pas mise en péril par la prédominance d'une race sur l'autre ;

» Considérant que seule une plus grande autonomie des pouvoirs provinciaux et communaux avec le suffrage universel, pur et simple, est de nature à rendre au pays la paix et à favoriser son essor économique et moral ;

» Le Conseil émet le vœu de voir élargir les droits et la compétence des Conseils provinciaux et communaux dans tous les domaines de leur activité. »

Il est évident, pour quiconque est quelque peu au courant de l'histoire de la Belgique, que la forme fédérative est plus conforme aux traditions et à l'esprit de ce pays que l'unité et l'absorption dans une centralisation excessive.

L'ordre du jour du Conseil provincial de Liége faisait ressortir avec plus de force encore la nécessité de l'autonomie respective des races :

« Considérant qu'il y a lieu d'affirmer la volonté des populations wallonnes d'être gouvernées désormais conformément aux tendances les plus généralement admises dans cette région du pays, au point de vue philosophique et social, comme au point de vue des intérêts matériels ;

» Considérant que ces tendances sont actuellement enrayées par la suprématie inéquitable due à la puissance électorale des populations rurales flamandes ;

» Considérant qu'un régime de large économie, reconnu aux provinces belges wallonnes peut seul rétablir l'équilibre indispensable à la nation, menacé par l'état d'assujetissement complet dans lequel se trouvent ces régions sacrifiées ;

» Considérant qu'il importe également d'assurer une meilleure et plus équitable répartition des deniers nationaux en matière de travaux publics, hygiène, transports, etc.;

» Considérant qu'il faut reconnaître loyalement et consacrer efficacement l'autonomie communale permettant à toutes les cités et aux grandes agglomérations du royaume d'assurer leur propre développement conformément à leurs intérêts et à leurs aspirations ;

» Pénétrés de l'ardente conviction que le vrai moyen de réaliser *l'unité* nationale dans l'entente et la paix, c'est d'éviter l'absorption d'une des races par l'autre, et proclamer leur droit incompressible à la liberté par l'autonomie ;

» Le Conseil proteste de son attachement aux institutions du pays et porte à son ordre du jour la question de l'élargissement des prérogatives des Conseils provinciaux dans tous les domaines de leur activité morale et matérielle. »

Mais une question se posait. Faut-il ressusciter le morcellement des autonomies provinciales ainsi qu'il existait sous l'ancien régime, et fractionner les particularismes en se contentant d'élargir les attributions et les franchises des provinces et des communes ? Certes, il y a encore, aujourd'hui comme hier, en Flandre comme en Wallonie, des orgueils et des coquetteries de clocher. Anvers et Gand, Liége, Mons et Tournai ont leurs points de vue, leur personnalité tranchée, leur « quant-à-soi », si on peut dire. Mais il faut tenir compte d'un fait qui a son importance. C'est que le régime belge, si néfaste qu'il ait été en ces trente-cinq dernières années, a produit un résultat : il a créé une conscience flamande et une conscience wallonne, reposant l'une et l'autre sur l'unité de langue. Cette unité de langue, ce ciment qui unit et consolide la famille wallonne, comme il rassemble et raffermit d'autre part la famille flamande, il ne faut pas le laisser se perdre. C'est cette unité de langue qui justifie et explique les deux « nationalités ». Neuf petites provinces autonomes n'auraient entre elles d'autre lien que celui fort ténu et fort fragile de la nationalité belge. Il faut que la séparation soit l'expression réciproque d'un intérêt flamand et d'un intérêt wallon, ce qui ne serait pas le cas avec une subdivision trop dispersée. Le retour au fédéralisme d'Etats serait un décalque trop fidèle et périmé de l'ancien régime. La sagesse politique consiste non pas, croyons-nous, à copier les institutions anciennes, mais à les adapter le mieux qu'on peut aux nécessités nouvelles. La conscience wallonne, qui n'existait pas sous l'ancien régime, en est une. C'est elle, avant tout, que les Wallons ont à préserver et à cultiver pour lui permettre de s'épanouir pleinement selon sa nature et son génie. Plus que pour la Flandre, il y a avantage, pour la Wallonie, à ce que la notion de région se substitue à celle de province. La Flandre est connue partout. Par l'art, par l'histoire, par la légende, son nom a été répandu à foison. Il est bon qu'on sache aussi qu'en face des Flamands, de leur orgueil et de leur égoïsme, il y a non seulement des Liégeois, des Namurois et des Hainuyers, mais une Wallonie et des Wallons.

Des ordres du jour de cette nature, votés par des corps aussi pondérés et aussi prudents que le sont habituellement les Conseils provinciaux, prouvaient, par eux-mêmes, quels progrès les idées de séparation avaient faits dans les esprits.

La principale cause de ces progrès rapides, la seule pourrait-on dire, est l'imprudente et intempestive campagne des apôtres de « l'âme belge », qui, non contents de favoriser l'unilinguisme flamand en Flandre, prétendaient imposer la connaissance du néerlandais aux Wallons, à titre de seconde langue. Il faut rendre cette justice à ceux qu'on a appelés les flamingants, qu'ils ont toujours entendu borner leur mouvement aux régions flamandes. La Wallonie n'a jamais été l'objet de leur propagande. Ils n'ont jamais hésité à déclarer qu'à leur sens, un Wallon qui étudiait le flamand, gaspillait son temps et ses peines, qu'il eut beaucoup mieux fait de consacrer à apprendre une langue de plus grande envergure, comme l'allemand ou l'anglais.

Mais les hommes du gouvernement belge ne l'entendaient

pas ainsi. Ils traduisaient les noms de nos villes et de nos communes wallonnes à la grande exaspération des populations qui ne voyaient dans ces travestissements inutiles, qu'humiliation, vexation et provocation calculées. Waremme devenait Borgworm, Marchienne-au-Pont se muait en Marchienne-ter-Brug, Jurbise devenait Jurbeke et Soignies était baptisé Zoningen (1). En outre, le gouvernement exigeait la connaissance du flamand pour la plupart des emplois publics, même en Wallonie, ce qui excluait d'emblée les Wallons de ces emplois, ou les obligeait d'acquérir la connaissance d'une langue rebelle et de faible circulation, dans le seul but de pouvoir remplir une fonction officielle dans des régions où aucun indigène n'a jamais parlé le flamand.

Une telle politique, en matière de langues, avait assurément un but en soi. Il était visible que les derniers gouvernements belges se servaient du mouvement flamand en le détournant de son but et en exagérant sa portée, afin de réaliser l'unité nationale par la néerlandisation du royaume. La langue flamande offrait, depuis des siècles, en Flandre, un tel obstacle à la pénétration des idées libérales et démocratiques qu'on pouvait caresser le rêve de voir un jour ce préservatif opérer de même en Wallonie. Quoi d'étonnant que les Wallons aient fini par se rebeller contre une telle oppression et qu'ils aient réclamé la séparation afin de pouvoir s'administrer sans partage et répartir les emplois et les fonctions, chez eux, entre leurs propres enfants ?...

Jules Destrée disait, le 6 avril 1913, au meeting de la Grande-Harmonie, à Bruxelles : « La question des langues, si on veut la résoudre dans le sens national, ne comporte que

---

(1) On sait qu'en Belgique les chemins de fer étaient exploités par l'Etat. Au fronton de la gare d'Anvers, on lisait *Antwerpen*, sans plus. Par contre en Wallonie, à la façade des gares de Liége, de Namur, de Mons, de Tournai, on pouvait lire les traductions flamandes : *Luik, Namen, Bergen, Doornik*. Il y a cent faits de ce genre qui semblent indiquer que ce qu'on visait à établir c'était l'unilinguisme flamand en Flandre, et le bilinguisme franco-flamand en Wallonie;

trois solutions : La première, c'est la prédominance du français. La seconde, c'est le bilinguisme obligatoire pour tout le pays. La troisième, c'est la prédominance du flamand. C'est celle vers laquelle on s'achemine. C'est à cette solution que nos gouvernants veulent arriver. Et quand, pour nous faire nous y résoudre, on vient nous parler des liens qui nous rattachent au peuple flamand, nous répondons : des liens pareils, c'est la corde au cou, et nous n'en voulons pas ! »

C'est encore Destrée qui disait, le 25 mars 1912, à la réunion de la Bourse, à Charleroi : « Les haines de races sont de plus en plus exacerbées. Depuis plus de vingt-cinq ans, nous sentons que nous, Wallons, sommes des asservis et des tributaires. Il faut que nous nous défendions en Wallonie ! »

Se défendre ? Il n'est guère possible de le faire autrement que par la séparation. Le problème linguistique ne comporte pas d'autre solution nationale et tous les Belges réfléchis et conscients en sont aujourd'hui profondément convaincus.

C'est pourquoi le troisième Congrès Wallon, réuni à Liége, le 7 juillet 1912, avait voté fort sagement le vœu suivant :

« Le Congrès, toutes réserves faites des formes à donner à l'idée séparatiste, émet le vœu de voir la Wallonie séparée de la Flandre, en vue de l'extension de son indépendance vis-à-vis du pouvoir central et de la libre expansion de son activité propre. »

Le pouvoir central en était d'ailleurs venu à des agissements qui blessaient profondément la Wallonie dans sa confiance et dans son amour-propre.

On n'a pas oublié l'impression pénible produite par l'arrêté royal qui refusa d'approuver les crédits nécessaires aux magnifiques institutions par lesquelles le Hainaut entendait assurer son développement économique et intellectuel, arrêté que M. de Broqueville fit connaître au lendemain du jour où le Roi Albert avait reçu, à Mons, les acclamations enthousiastes de la Wallonie, et qui avait été signé la veille même de cette visite solennelle.

Ainsi, le gouvernement n'hésitait même pas à compromettre la popularité de la Couronne dans ces intrigues.

Un incident extrêmement grave s'en suivit aussitôt. La majorité des conseillers provinciaux du Hainaut voulut délibérer sur un ordre du jour de protestation contre l'atteinte portée par le gouvernement à l'autonomie provinciale. Le gouverneur, représentant du pouvoir central au sein du Conseil, s'opposa à la mise aux voix de cet ordre du jour. Le Conseil passa outre et commença la délibération. Aussitôt le gouverneur se leva, déclara la session close et se retira suivi du greffier. La majorité du Conseil n'en resta pas moins en séance et, bien que la session fut close, vota à l'unanimité un ordre du jour protestant contre l'attitude du gouvernement.

Le gouverneur fit dresser procès-verbal du fait et le transmit au Procureur général près la Cour d'Appel de Bruxelles, aux fins de poursuites en vertu de l'article 90 de la loi de 1836, qui règle les attributions des Conseils provinciaux. Cet article porte que les conseillers qui auraient délibéré dans une réunion illégalement constituée, seront punis de six mois à deux ans d'emprisonnement et pourraient être déclarés exclus du Conseil et inéligibles pour un terme de quatre ans.

Le gouvernement n'osa pas passer à l'application de cette mesure, qui eut déchaîné en Wallonie une dangereuse agitation. On trouva un biais pour déclaré que la réunion n'avait eu qu'un caractère privé. Mais de pareils incidents, sans précédent en Belgique, prouvaient l'étendue et la profondeur de la crise que traversait le pays et l'irritation grandissante qui couvait en Wallonie. La situation était à ce point tendue que, de l'aveu des publicistes les plus considérés, la Belgique se trouvait à la veille d'une révolution, lorsque la guerre de 1914 a éclaté.

De plus en plus, l'idée de la séparation s'imposait à la Wallonie comme seul remède à la situation déprimante qui lui était faite.

Dans la revue *Wallonia*, M. Albert Mockel écrivait au mois d'octobre 1911 : « Le seul moyen de faire vivre la Wallonie

et la Flandre en une paix fraternelle où elles puissent se développer librement, c'est de préparer la séparation administrative
complète des deux peuples. Celle-là, je la désire, je l'attends,
je l'appelle. Plus que jamais, j'invoque la formule que j'ai
proposée jadis : « la Flandre aux Flamands, la Wallonie aux
Wallons et Bruxelles aux Belges ».

Au mois de février 1912, M. le député Troclet donna, à la
Ligue Estudiantine de Liége, une conférence très réussie sur
« Une Wallonie autonome ».

L'orateur exposa que Flandre et Wallonie étaient d'accord
pour dire qu'il n'y a pas de Belgique proprement dite, mais
bien deux races absolument distinctes.

« Une indépendance wallonne ne doit pas nous inquiéter.
Trois millions de Wallons formeraient aussi bien une nation
que la Norwège, la Suède, etc. »

« La solution la plus sage de la question linguistique belge,
serait une séparation, analogue à celle qui s'est produite entre
la Suède et la Norwège, sans bruit, sans haine. »

Tous les Belges conscients des réalités contingentes sont
aujourd'hui ralliés à l'idée de la séparation administrative. Ils
savent que, dans une Belgique reconstituée, les deux peuples
qui la composent ne peuvent plus se contenter d'une unité qui
n'a été qu'un mensonge et une duperie, mais placeront leur
confiance dans un dualisme intégral qui leur permettra de se
développer moralement et économiquement côte-à-côte, sans
acrimonie et sans discorde. Ce serait d'ailleurs aller à l'en-
contre d'un des buts essentiels de la guerre actuelle, que de
continuer à entretenir ici un foyer de ressentiments germano-
latins qui, dans une Europe définitivement pacifiée, ne pourrait
plus apparaître — selon une parole célèbre — que comme « un
anachronisme et un défi ».

D'ailleurs, sous vingt formes sournoises, la séparation existait déjà en Belgique. Dans la législation sur l'enseignement
moyen, la Flandre était séparée de la Wallonie : il y avait
le régime flamand et le régime wallon. En matière d'admi-

nistration de la justice, deux régimes avaient été établis, basés sur la même distinction de langue et de race. Au ministère des chemins de fer et à celui des travaux publics, fonctionnait un classement séparatif des communes flamandes et des communes wallonnes, qui réglait la préséance des indications dans une langue et dans l'autre. En vérité, on avait la chose sans le nom, et il n'y avait plus qu'un pas qui écartait de la séparation intégrale. (1)

Ainsi que Destrée l'écrivait au mois de juin 1912, dans le *Journal de Charleroi*, l'idée de la séparation avait fait en Wallonie « des progrès foudroyants ».

---

(1) Toute la législation flamande, écrivait M. Louis Franck, dans *Le Ralliement*, du 5 juin 1915, n'est faite que pour la partie flamande du pays, parce qu'il faut remédier aux conséquences du régime erroné qui fut adopté au lendemain de 1830.

XI

Le mouvement wallon.

—

L'intransigeance flamingante et la docilité persistante du gouvernement belge aux exigences de plus en plus impérieuses du pan-néerlandisme, devaient nécessairement provoquer l'éclosion d'un mouvement wallon. Jusque-là, les wallonisants ne s'étaient occupés que de littérature et de philologie dialectales, sans jamais demander que leur idiome fut élevé, comme le flamand, au rang de langue fixée, pourvu d'un état-civil officiel, encore moins de langue nationale. Mais le jour où l'administration centrale prétendit créer en Wallonie un régime bilingue qui n'avait sa raison d'être qu'en Flandre, le jour, où la connaissance du flamand fut exigée des fonctionnaires wallons exerçant en Wallonie, où l'on dévoila enfin l'intention d'imposer le néerlandais à tous les Wallons, comme « seconde langue », la résistance s'organisa. Dès la première heure le mouvement wallon se dégagea de toute tendance particulariste. Il se voua tout entier à la défense de la langue française. Il laissa les patoisants, les philologues et les amateurs de « folklore » continuer leurs travaux et leurs études sur les dialectes romans de Belgique. En politique, il se porta résolument au secours du français menacé. « Ce que vous voulez, disait

M. Royer, député de Tournai, au gouvernement et à sa majorité, dans la séance de la Chambre du 23 mai 1913, ce que vous voulez, c'est détacher la Wallonie de la civilisation française. » (1)

Comme toujours, les catholiques s'abstinrent. Par la force même des choses, le mouvement wallon prenait une allure d'opposition à la politique suivie par le gouvernement belge. La discipline de parti enchaînait les membres de la majorité et leurs tenants. Un publiciste catholique, M. Elie Bausart, le regretta sincèrement dans la *Belgique Artistique et Littéraire* du 1er mars 1914 : « Je me demande avec une certaine anxiété si les catholiques vont bouder le mouvement wallon lui-même. Qu'ils sachent faire les distinctions nécessaires... Les catholiques wallons ont leur culture à sauvegarder : cette noble culture romane que la tradition ecclésiastique a marquée de son empreinte et qui, malgré les souffles d'erreurs qui y passent, est encore à l'heure actuelle la grande éducatrice des hommes. Ils ont à conserver la langue française, joyau parmi les plus précieux de notre héritage ethnique, la langue de Pascal et de Bossuet et que le talent des poètes a tant de fois assouplie pour chanter la gloire de Dieu et les merveilles de l'âme chrétienne. Ils ont aussi leurs frères de race à protéger, leur prochain « le plus proche ». Il s'agit d'assurer à la Wallonie la stabilité de sa propre vie, le respect de ses coutumes, l'exercice de ses droits parmi le peuple de Belgique. Les griefs des Wallons sont sérieux et le redressement de l'état anormal qui leur est fait et qui les menace encore, s'impose. »

« L'Assemblée Wallonne », fondée à Charleroi, le 20 octobre 1912, avait pris la direction du mouvement. Le Congrès de Liége, tenu la même année, avait exprimé le vœu de voir se

---

(1) Peut être faut-il voir le secret de cette politique dans une lettre adressée de Paris par Montalembert à De Decker, le 26 décembre 1845, et où se trouve cette extraordinaire suggestion : « *Avant tout, ce qui importe à la Belgique, c'est de maintenir et de fortifier sa nationalité catholique, et pour cela tout ce qui peut la détacher de la France est favorable.* » (V. Annuaire de l'Académie royale de Belgique, 1892).

constituer un Comité d'Etudes chargé de présenter un projet de séparation administrative. En attendant qu'un tel projet pût être réalisé, l'Assemblée Wallonne se proposa d'assurer la sauvegarde et l'autonomie des provinces wallonnes. Des délégués furent nommés à raison d'un par 40,000 habitants — comme les députés à la Chambre. Dans ce premier Parlement de Wallonie, qui se réunissait enfin soixante ans après l'éclosion du mouvement flamand, on vit figurer des députés, des sénateurs, des bourgmestres, des échevins, des notabilités des arts, des lettres, du barreau, de l'industrie, dont quelques-uns venaient pour la première fois à la cause wallonne, dont d'autres l'avaient méconnue ou avaient sous-évalué le péril flamingant, mais qui tous étaient unis par le sentiment qu'ils étaient menacés dans leur race, et que l'heure de la défendre ne pouvait plus être différée.

Le mouvement wallon, quoique tard venu, surgit avec une intensité singulière, et, tout de suite, il fut séparatiste. En demandant de se libérer du régime belge, il secoua la Wallonie tout entière. Son activité s'étendit aux multiples intérêts généraux et particuliers où les droits des Wallons étaient méconnus. Il demanda la revision de l'histoire de Belgique conçue, jusque-là, dans un sens trop exclusivement flamand. Il fit la critique du système militaire défensif de la Belgique, exigeant, avec une prescience vraiment divinatoire « que la rive droite de la Meuse fut défendue » en cas d'invasion. Il protesta contre la répugnance des Flamands à accepter le devoir militaire, répugnance qu'un des chefs notoires de la cause flamande, M. le député Delbeke, avait proclamé, le 23 mai 1913, à la Chambre, en disant : « Les faits parlent plus haut que toutes les protestations, que pourrait soulever cette vérité de constatation, que si les Flamands aiment profondément leur patrie, ils n'ont pas jusqu'à ce jour, aimé l'armée. » (1) Le

____

(1) On en a eu une nouvelle confirmation pendant les premiers jours de la guerre en 1914. L'armée belge en retraite à travers les Flandres, fut rançon-

mouvement wallon, au contraire, réclama le service militaire général dont les Flamands ne voulaient pas entendre parler. Il fit remarquer que la Wallonie, livrée à ses seules forces, pourrait mettre en ligne une armée de 3oo,ooo hommes « armée qui, ayant à défendre ses foyers et sa terre, aurait une cohésion et une énergie morales incomparables dans l'action défensive ». Il s'indigna contre l'exclusion des Wallons des emplois publics par les règlements qui exigeaient que tout agent de l'Etat connût les deux langues. Il montra l'injustice qu'il y avait à vouloir accorder au flamand en Wallonie les droits que le français possédait historiquement en Flandre. Il dénonça avec indignation les dilapidations des deniers publics pour des dépenses somptuaires et superflues en Flandre, alors qu'en Wallonie les grands travaux publics restaient en souffrance ou en projet. Il se plaignit de devoir suppléer « dans le cadre restreint de l'autonomie provinciale » à l'insuffisance et à la mauvaise volonté du pouvoir central, à la création et à l'entretien d'écoles normales et d'écoles techniques pour le recrutement d'instituteurs qui ne fussent pas imbus d'esprit flamingant, et la formation d'ouvriers d'élite à la hauteur du développement industriel de la Wallonie. Il résolut enfin de séparer l'art wallon de l'art flamand, sous prétexte que les voisins accaparaient à eux seuls, depuis un temps immémorial, tous les profits, toute la gloire et tous les honneurs.

Sans doute, versa-t-on ici dans une exagération puérile. L'école flamande de peinture jouit, depuis des siècles, d'une renommée universelle, et le mot « Flandre », quand il s'agit de ses artistes, doit être pris, assurément, dans le sens qu'il

---

née par les habitants. Au milieu des grandes chaleurs du mois d'août, et après les longues marches qu'ils venaient de fournir, on fit payer aux soldats, à raison de dix centimes par verre ou deux francs par seau, l'eau potable qu'ils imploraient pour étancher leur soif ardente. D'ailleurs, depuis longtemps déjà l'armée belge avait appris à distinguer les sentiments des populations à son égard, par la manière toute différente dont on la traitait en temps de manœuvres, selon qu'elle opérait en Flandre ou en Wallonie.

avait sous les régimes espagnol et autrichien où il s'appliquait
à tout le territoire des Pays-Bas méridionaux. Mais que même,
en matière d'art et d'histoire, les Wallons en étaient arrivés
à ne plus pouvoir supporter d'être assimilés aux Flamands,
c'était un symptôme bizarre et inquiétant de l'irritation progressive des esprits.

Le 22 juin 1913, le roi Albert faisait sa joyeuse entrée
dans sa bonne ville de Gand.

Tandis que le souverain avançait lentement dans sa voiture
de gala, de petits papiers pleuvaient sur ses genoux, sur son
bicorne, glissaient entre ses mains et allaient frôler ses hautes
bottes. C'était une requête flamande dont nous traduisons le
texte : « Nous, peuple flamand, sommes traités comme des
étrangers dans notre propre pays. Si cela doit durer, mieux
eût valu que nous ne nous fussions jamais séparés de la Hollande ; nous aurions dans ce cas, depuis longtemps, une
Université flamande et nous serions traités comme des égaux... »

Quelques jours plus tard, le 13 juillet de la même année,
le même souverain visitait solennellement la ville de Liége. Sur
tout le parcours du cortège royal, au long des boulevards,
rue du Pont d'Avroy, place Saint-Lambert, place Saint-Barthé-
lemy, rue des Récollets, boulévard Piercot, retentit le cri :
« Vive la Wallonie ! ».

Que voulait dire ce cri ?

« Il disait très simplement, écrivait un journal liégeois,
très nettement aussi : « Sire, il y a une Wallonie. Peut-être
ne Vous l'a-t-on pas appris, peut-être l'avez-Vous oublié. Elle
existe pourtant. Elle existe si réellement qu'elle souffre. Elle
souffre de se voir méconnue et obscurcie par la morgue
flamingante. On lui dénie toute gloire dans le passé ; on
entrave son développement dans le présent ; on la froisse
dans ses affinités latines, on amoindrit les possibilités de
son avenir, cependant qu'on vit de son labeur incessant...
Vous voulez être, Sire, le Roi de tous les Belges. Eh ! bien,
les Wallons commencent à manquer d'air — et de patience !

— en Belgique... Ils ont des droits que l'on méconnaît et que l'on viole tous les jours... »

Il est évident qu'un pays où des sentiments aussi contradictoires s'expriment avec une telle spontanéité, un pays où tout le monde se plaint et se juge réciproquement opprimé, n'a plus aucune espèce d'unité.

« Ces manifestations, disait de son côté l'*Etoile Belge* du 15 juillet, pour être restées correctes et courtoises n'en sont pas moins caractéristiques, d'un état d'esprit regrettable et inquiétant. Le chef de l'Etat a dit avec raison, en répondant au bourgmestre de Liége, que le Roi est le symbole vivant de l'unité nationale. Or, quand le symbole vivant de cette union est accueilli par des manifestations particularistes, c'est que cette union est menacée, c'est qu'elle souffre d'une blessure, et que cette blessure va s'élargissant. Il est certain que les revendications flamingantes dont l'audace est encouragée par le gouvernement, ne connaissent plus de frein. Il est certain que le manteau de l'unité nationale, tissé par les hommes de 1830, a reçu une déchirure, et que, si nos dirigeants n'y prennent garde, l'avenir nous réserve des heures cruelles. »

D'autre part, des manifestations flamingantes avaient brutalement troublé une fête artistique à la section française de l'Exposition de Gand. A Mons, lors de la visite officielle qu'y fit le roi Albert, une société flamande fut malmenée par la foule. A Anvers, où résidait habituellement une forte colonie de Belges wallons, le local d'une société wallonne fut saccagé par des bandes flamingantes, le jour anniversaire de la bataille des Eperons d'Or. L'agitation gagnait de proche en proche. La Belgique entrait dans une voie grave : la déchirure s'agrandissait... (1)

---

(1) A Mons, le collège des bourgmestre et échevins fut obligé de s'excuser au retour d'une manifestation prétenduement patriotique à laquelle il avait assisté à Anvers. « Nous sommes allés à Anvers, expliquait M. le bourgmestre Lescarts, et on nous a reproché les sympathies que nous témoignions aux Flamands. Nous n'avons tout de même pas conclu une sorte d'abdication des droits et des devoirs que nous avons envers là partie wallonne du pays » (Séance du Conseil communal de Mons du 4 août 1911).

A mesure que le temps marchait, il apparaissait de plus en plus que l'unité forgée par la diplomatie de 1830 ne reposait plus sur l'union et qu'elle commençait à peser aux deux peuples comme un fardeau pénible. Certes, la guerre de 1914 a refait un instant l'accord national en présence du danger partagé. Mais qu'on ne s'y trompe pas ! Les divergences sont profondes et irrémédiables. Elles renaîtront au premier jour. A l'heure du règlement des comptes, les Wallons auront à se demander si des devoirs essentiels n'ont pas été négligés, et si les événements n'auraient pas suivi un autre cours s'ils avaient pu prendre, eux, à l'heure tragique, les responsabilités du pouvoir dont ils ont toujours été jalousement écartés.

Longtemps donc avant les événements actuels avait commencé en Wallonie un mouvement politique en faveur de la séparation administrative. En 1892, le journal de Frère-Orban, *La Meuse*, l'avait préconisée comme pouvant amener l'apaisement de la querelle des langues et des races et le développement parallèle et pacifique des deux races dans un Etat fédéral. Jules Bara, député de Tournai, ancien ministre de la Justice, Emile Dupont, vice-président du Sénat, ministre d'Etat, l'avaient indiquée à leur tour. Bientôt toute la Wallonie s'y était ralliée, et, en 1912, on pouvait dire que le mouvement avait fait des progrès « foudroyants ». Dès 1909, la Ligue wallonne de Liége avait décidé de former un comité d'étude de l'autonomie des provinces wallonnes. En firent partie : MM. Emile Dupont et Charles Magnette, sénateurs de Liége ; Emile Buisset, député de Charleroi ; Troclet, député de Liége ; Georges Heupgen, membre de la Députation permanente du Hainaut ; Victor Chauvin, professeur à l'Université de Liége ; Joseph Descamps, ancien député de Mons ; Xavier Neujean, député de Liége ; Achille Chainaye, homme de lettres, président de la Ligue Wallonne du Brabant ; Julien Delaite, président de la Ligue Wallonne de Liége ; Edmond Schoonbroodt, avocat ; Jean Roger, conseiller provincial à Liége ; Jules Destrée, député socialiste de Charleroi.

Le 7 juillet 1912, le Congrès Wallon émit le vœu « de voir la Wallonie séparée de la Flandre en vue de son indépendance vis-à-vis du pouvoir central et de la libre expansion de son activité propre ». De cette motion sortit l'*Assemblée Wallonne*, chargée de préparer les voies de réalisation. Peu après, les Conseils provinciaux de Liége et du Hainaut et les Conseils municipaux des grandes villes de Wallonie votaient des vœux en faveur de l'autonomie régionale.

En même temps, toute une littérature naissait pour défendre et propager l'idée séparatiste. Déjà, en 1897, le poète Albert Mockel avait lancé dans le *Mercure de France*, sa formule : « La Wallonie aux Wallons, la Flandre aux Flamands et Bruxelles aux Belges ». Depuis, M. Emile Jennissen écrivit sa brochure *Pour la Séparation politique et administrative* (Liége, Desoer, 1911); M. Julien Delaite son *Etude d'un régime séparatiste en Belgique* (Liége, Thône, 1912) ; M. François André son rapport sur la *Séparation administrative* (Frameries, Dufrane-Friart, 1912), dans lequel il se prononça en faveur d'un retour à l'autonomie provinciale de l'ancien droit belgique.

Pendant ce temps, les mandataires politiques du peuple flamand se taisaient. A part Léon Vander Kindere, ancien député et professeur à l'Université de Bruxelles, qui avait publié en 1870 une consciencieuse étude dans la *Revue de Belgique* pour démontrer que la centralisation de 1830 avait été une funeste erreur, on ne voit pas que les chefs politiques du Mouvement flamand se soient prononcés, avant les événements de 1914, en faveur de la séparation. Peut-être voulaient-ils laisser aux Wallons tout l'odieux de la rupture. Ce qui permet de le supposer, c'est que le principe de la territorialité ne cessait d'être la base de toutes leurs revendications. Or, le principe de la territorialité, sans le correctif de l'autonomie administrative et politique réciproque, ne pouvait aboutir qu'à assurer la prédominance de l'élément flamand unifié dans une Belgique centralisée, où les Wallons n'apparaîtraient plus, dès lors, que comme une minorité subjuguée et ouverte à toutes les ardeurs de la colonisation flamande. L'unité belge ainsi entendue était assurément plus préjudiciable aux Wallons que la pire des séparations. La séparation est une mesure de sécurité et de préservation pour les peuples comme pour les conjoints malheureux. Les Wallons, il faut savoir le reconnaître, ne s'avisèrent de réclamer la rupture de l'unité nationale que le jour où ils acquirent définitivement la certitude que, dans l'association belge, ils étaient des vaincus. Non pas que, tant qu'ils en ont eu le pouvoir, ils se soient attachés à imposer exclusivement la langue française dans un intérêt politique wallon ou français. Sincèrement ralliés après 1830 au régime issu des délibérations des Puissances, ils voyaient avant tout dans l'unité de langue un intérêt belge.

Dès que le péril de la guerre menaça les frontières belges, les Wallons mirent un terme à leurs revendications. Le 2 août 1914, tandis que le monde entier avait les yeux fixés sur la rive droite de la Meuse, le journal la *Lutte Wallonne*, organe officiel du Mouvement wallon, écrivait, sous la signature de son rédacteur en chef, M. Ivan Paul : « Wallons et Flamands ont le sens des réalités. Ils sont intimement convaincus que, dans l'état actuel des choses, le meilleur moyen qu'ils aient d'être « Wallons avant tout » ou « Flamands avant tout », c'est encore d'être Belges. Que les uns et les autres veulent, en cette Belgique, affirmer tous leurs droits, se développer librement suivant les principes de leur nature propre, c'est notre prétention légitime. Mais l'essentiel, c'est que la Belgique soit. Nous règlerons après la place que chacun doit y occuper. »

Les Flamands n'ont pas voulu attendre. La vérité nous oblige à dire que ce furent les Flamands émigrés qui, les premiers, rompirent la trêve sacrée. Le 1er février 1915 parut à Amsterdam le journal *De Vlaamsch Stem*, qui reprit d'urgence la lutte pour le triomphe de la cause flamande. Son rédacteur en chef, M. Albéric De Swarte, signa une série

d'articles où il réclamait impérieusement la séparation administrative comme étant le seul moyen de sauvegarder les droits
et les intérêts de la Flandre dans une Belgique future.

Si, immédiatement après les événements de 1914, les Flamands se rallient à leur tour à la séparation administrative,
c'est que, pour eux aussi, la situation vient de se modifier
profondément. L'invasion allemande leur porta tout d'abord
un coup sensible. Leurs affinités et leurs sympathies germaniques furent mises en cause. Déjà ils purent prévoir qu'un
jour viendrait où ils auraient à redouter les excès d'une
réaction inévitable. Le droit des Flamands de se cultiver et de
se développer d'après le sens de leur race, doit être d'autant
moins méconnu que, depuis cinquante ans, le gouvernement
belge a tout fait pour leur rendre la conscience de leur
nationalité ethnique et historique. A leur tour, sous la pression
des événements, les Flamands en vinrent donc à considérer
la séparation administrative comme une mesure de sauvegarde
et de préservation. Cette mesure, ils entendaient la renforcer
et la multiplier selon qu'ils pouvaient craindre que, sous la
pression des événements, le gouvernement belge ne s'engageât
de plus en plus dans une voie politique contraire à leurs
sympathies et à leurs intérêts, et ne rapportât, de son long
séjour en France, des sentiments nouveaux préjudiciables à
leur cause.

On ne voit pas trop, en effet, quelle politique le gouvernement belge pourrait se décider à adopter lors de sa rentrée
en Belgique. Continuera-t-il, comme par le passé, à refouler
lentement la langue française et à satisfaire aux revendications de ses adversaires par le système des étapes successives
qu'il avait adopté? En ce cas, il trouverait de nouveau devant
lui les Wallons, qui pourraient lui reprocher de n'avoir rien
appris aux malheurs qui ont fondu sur le pays. Ils sentiraient
certainement s'accroître leur résistance du concours de tous
les Belges francisés qui exigeraient une rupture complète avec

les errements du passé et l'adoption d'une politique plus nettement orientée vers le Sud.

Au contraire, le gouvernement belge, renonçant à sa politique
de l'avant-guerre, accepterait-il de suivre cette dernière méthode
et d'en revenir au système que Rogier avait énoncé en ces
termes : « Les premiers principes d'une bonne administration
sont basés sur l'emploi exclusif d'une langue, et il est évident
que la seule langue des Belges doit être le français ? » Dans
ce cas, il aurait à faire aux Flamands qui ne sont plus la
poussière amorphe ni la matière malléable de 1830, et dont le
gouvernement belge lui-même a le plus contribué à faire
un faisceau et une puissance. En vérité, il n'est plus possible
aujourd'hui de gouverner la Belgique comme un Etat centralisé, sans opprimer un des deux peuples qui le composent.

Ajoutez, du côté flamand, les effets d'une longue occupation
allemande qui a apporté à la cause flamande un réconfort
inattendu mais incontestable. L'Allemagne s'est intéressée à
la question flamande, qu'elle ignorait ou qu'elle négligeait. Elle
l'a prise sous sa protection. Elle l'a fait connaître au monde.
Les Flamands à leur tour ont trouvé là un appui vigoureux qui
ne leur fera point défaut dans la suite, et à la moindre tentative d'oppression, ils tourneront leurs regards vers l'Est (1).
Imitant cet exemple, les Wallons, en pareille occurrence, tourneront les leurs vers le Sud (2). Ainsi le veut la fatalité des
événements. La guerre a fait franchir la frontière au conflit
des langues. Elle a créé des solidarités morales et intellectuelles, qui abolissent les limites politiques, et d'où, au moindre
heurt, surgiront des menaces nouvelles pour cette paix durable
que chacun demande et dont le monde a tant besoin.

Rentré au pays, le gouvernement belge se trouvera donc

---

(1) Déclarations de M. Pieter Tack au journal *La Belgique*, 26 Août 1917.
(2) « Nous pensons, disait M. Raymond Colleye, au 4° dîner franco-wallon,
le 29 Septembre 1917, à Paris, que la France est désormais intéressée pour sa
sécurité future au développement de notre race, à la liberté de notre terre, à
l'intangibilité de notre culture. »

immédiatement aux prises avec des exigences et des revendications contradictoires qu'il ne pourra satisfaire sans déchaîner une agitation périlleuse. Essayera-t-il de les refréner par la manière forte, en recourant à une sorte de régime absolutiste, suspensif des garanties constitutionnelles ? Il en a, paraît-il, exprimé le dessein. Mais, outre que l'aventure ne serait pas sans risques et que l'Europe, assoiffée d'ordre, a le droit de s'en préoccuper, le fait qu'il a pu en concevoir l'intention suffit à prouver à quelle situation vraiment inextricable il se propose de l'appliquer. La Belgique, en le faisant, irait à rebours du sens nouveau des choses. Il est décevant de penser que, tandis que dans tous les Etats la fin de la guerre doit amener l'épanouissement des démocraties, ce vieux pays de libertés locales évoluerait en sens contraire, et ferait figure d'anachronisme dans une Europe régénérée.

Dans le rapport qu'il a adressé au Roi, le 8 octobre 1916, daté de Sainte-Adresse, le gouvernement belge se déclare convaincu « qu'aussitôt la paix rétablie, l'accord des bonnes volontés qu'il s'efforcera de faciliter assurera aux Flamands, tant dans le domaine de l'enseignement supérieur que dans tous les autres, cette complète égalité de droit et de fait qui doit exister suivant le vœu même de notre pacte-fondamental. »

Après la guerre, comme avant, le gouvernement belge continuera donc à s'inspirer du principe de l'égalité des langues. Mais que faut-il entendre par là ? Est-ce l'hégémonie régionale des langues et l'égalité réalisée par un parallélisme parfait : le flamand en Flandre, le français en Wallonie ? Est-ce l'égalité appliquée seulement dans les régions où les deux idiomes sont effectivement en présence, et où ce principe peut, dès lors, s'appliquer logiquement à une situation de fait ? Est-ce pour chaque Belge le droit constitutionnel de se servir de sa langue maternelle en toutes circonstances et dans quelque partie du royaume qu'il se trouve : le droit de parler français en Flandre et flamand en Wallonie ?

Au fond de cette équivoque, volontairement entretenue par

les partis politiques pour embrouiller le problème et en retarder la solution, et qui se prête aux interprétations les plus bizarres selon qu'on en considère le principe comme un objet d'application territoriale ou personnelle, c'est le bilinguisme qui se cache. Or, le bilinguisme est d'invention flamande. Il n'a jamais pu venir à l'esprit d'aucun Wallon sérieux et conscient d'obliger ses compatriotes à s'assimiler une langue étrangère qui ne peut leur être d'aucun secours pratique pour eux-mêmes, et d'essayer d'établir un rang d'égalité quelconque entre le français et le flamand. C'est en Flandre où, par suite du discrédit dans lequel l'idiome flamand était tombé, la bourgeoisie et les classes intellectuelles faisaient depuis longtemps usage du français, que l'idée de généraliser le bilinguisme en Belgique, a nécessairement dû naître. Elle fut même une des caractéristiques du mouvement flamand à ses débuts.

Le programme de la société *Vlamingen Vooruit* (organe officiel du parti) formulé en 1859, et qui constituait à cette époque le catalogue complet des revendications flamandes, portait : « La raison, la justice, la liberté exigent que le Wallon soit tenu de savoir le flamand dans les mêmes cas où le Flamand est obligé de savoir le français. »

A cette prétention, la Wallonie répond unanimement : « Non ! La Constitution belge ne connaît pas l'égalité des langues. Elle consacre le principe de la liberté des langues (1). J'ai le droit de répudier un idiome étranger que vous voulez m'imposer par la contrainte. Je l'ai répudié de temps immémorial, sous tous les régimes que j'ai subis, et je continuerai. »

De quelque manière qu'on envisage donc le problème, il ne paraît soluble que par la séparation. Le ministre De Decker, qui institua en 1856, la *Commission pour la recherche des griefs des Flamands*, a énoncé ce principe de justice élémentaire : « Tout citoyen doit pouvoir remplir toutes les con-

---

(1). Constitution belge. — Art. 23. - *L'emploi des langues usitées en Belgique est facultatif.*

ditions de son existence publique et privée à l'aide de sa langue maternelle. » Dans un Etat composé de deux peuples distincts de langue et de mœurs, comment l'appliquer si l'on veut à toute force les confondre et les fusionner ? Le principe de De Decker, qui fut le parrain politique du mouvement flamand, est la condamnation du bilinguisme. Il mène tout droit à l'autonomie réciproque, c'est-à-dire à la séparation. Il ne se comprend même pas sans elle. Deux systèmes seulement étaient possibles en Belgique . celui de Rogier et celui de De Decker. Le premier se comprenait aussi longtemps que les Flamands ne furent pas en possession d'une langue propre. A partir du jour où De Decker leur en donna une, en l'acheminant irrésistiblement au rang de langue nationale à l'égal du français, la séparation faisait virtuellement partie du programme national des deux peuples.

Non pas la séparation « culturale » comme le demande aujourd'hui la catégorie des propagandistes flamands qui, avant la guerre, repoussaient toute idée de séparation : les Franck, les Huysmans, les Van Cauwelaert, les Hoste. Depuis que l'équilibre est rompu entre les deux peuples, une séparation morale et intellectuelle entre eux ne pourrait continuer à coexister avec leur centralisation politique, sans aboutir à l'oppression du plus faible par le plus fort. Sous un même gouvernement, dans une même Chambre, les 88 députés flamands feraient d'autant plus aisément la loi aux 72 députés wallons que toute autre controverse que celle des langues et des races aurait définitivement disparu des programmes politiques, ou y aurait été reléguée à un rang fort secondaire. Avant la guerre, la question confessionnelle était au premier plan en Belgique et départageait Flamands et Wallons. C'est encore une des fatalités des événements actuels, que l'antinomie des langues et des races va désormais tout dominer dans une Belgique centralisée. Va-t-on l'y laisser subsister, alors qu'un des buts de la guerre actuelle est la délivrance des nationalités opprimées ?

Quoiqu'il en soit, le Mouvement flamand entra, sous l'occupation, dans une nouvelle phase qui en vint à menacer plus directement encore les Wallons en restreignant de plus en plus leurs positions.

Le branle était donné. Le 20 février 1915 se fondait à Gand le journal *De Vlaamsche Post*, organe d'un groupe qui à son tour souscrivait à la séparation administrative, mais qui, préoccupé uniquement de l'intérêt flamand sans corrélation aucune avec les intérêts généraux de la Belgique, ne la considérait que comme une mesure transitoire pouvant préparer et hâter la réalisation de la conception d'un Etat flamand. A Anvers, *Het Vlaamsch Nieuws*, à Bruxelles, la *Gazet van Brussel*, sans compter quantité de feuilles hebdomadaires et locales, menaient le même combat. En même temps, les régions flamandes étaient inondées de brochures exposant la question sous toutes ses faces, et de nombreux conférenciers parcouraient les villes et les villages secouant les indifférences, éveillant les enthousiasmes et semant partout une agitation qui ne pouvait manquer d'entrer bientôt dans la voie des réalisations pratiques et des faits accomplis.

D'une Diète flamande *(Landdag)* tenue à Bruxelles, au mois de février 1916, et à laquelle assistèrent des propagandistes d'avant la guerre, des artistes, des écrivains, des professeurs, des instituteurs, des fonctionnaires, et de nombreux membres de ces sociétés d'art, d'agrément et d'enseignement mutuel qui pullulent en pays flamand, sortit le Conseil de Flandre, comptant actuellement quatre-vingts membres. C'est une délégation de ce Conseil qui fit le voyage à Berlin et fut reçue par le Chancelier de l'Empire allemand. Le Conseil de Flandre a obtenu de l'occupant la séparation administrative, qui fut instituée par un arrêté du Gouverneur Général en Belgique, en date du 21 mars 1917. (1)

---

(1) Il est à remarquer que la séparation décrétée par l'occupant, ne fonctionne qu'au profit de la région flamande. Du jour au lendemain toute cette partie du pays a été intégralement flamandisée. En Wallonie, au contraire,

Les Flamands n'ont épargné aucun effort pour intéresser
le monde entier à leur cause. Le Conseil de Flandre a adressé
un mémoire au Président de la République des Etats-Unis,
tandis que des groupes socialistes flamands, ralliés aux vues
du Mouvement activiste et secondant sa politique, ont envoyé
des délégués à Stockholm, qui exposèrent leurs desiderata à la
Commission hollando-scandinave de l'Internationale des Travailleurs, et firent inscrire le principe de l'autonomie intellectuelle de la Flandre et de la Wallonie dans le Manifeste de
cette Commission.

Aujourd'hui l'Europe, l'Amérique, le monde entier connaissent les Flamands et leur cause. Ils ont trouvé en Allemagne, dans les Pays-Bas, en Suède, en Norwège, au Dane-
marck, chez tous les peuples dont ils se disent les frères ou
les cousins de race, des appuis sympathiques dans la presse
et dans l'opinion, que leur situation a intéressées et émues. Ils ne
se sont pas laissé intimider par les peines comminées contre
eux par le gouvernement du Havre. Bien plus, voyant dans
cette attitude un déni de justice et un refus définitif de réaliser,
pour l'après-guerre, une réforme somme toute équitable et
justifiée par les excellents résultats qu'elle a donnés en Suisse
et ailleurs, ils ont, dans une assemblée solennelle, tenue le
11 novembre 1917, au théâtre de l'Alhambra, à Bruxelles,
brisé leurs derniers liens avec ce gouvernement, répudié la
séparation administrative elle-même, et exigé la constitution
de la Flandre en un Etat autonome et indépendant. C'est le
dernier stade actuel du Mouvement flamand.

La diplomatie internationale aura à trancher cette affaire
en dernier ressort. Mais déjà, par l'initiative même des Flamands, elle se trouve évoquée devant elle, et les Puissances
auront à se prononcer. Qu'adviendra-t-il de la Wallonie ? Sous
l'occupation, nous l'avons dit, les Wallons n'ont rien demandé.

---

les lois linguistiques du gouvernement belge continuent à être appliquées, et
les Wallons seuls vivent toujours sous un régime bâtard.

Ils n'ont sollicité aucune collaboration. L'*Avenir Wallon*, fondé à Bruxelles, le 9 novembre 1916, a borné ses efforts, au milieu de la confusion et du désarroi des esprits, ainsi que le disait son article-programme, « à ramener la Wallonie à la conscience de sa personnalité et de ses devoirs, dans un moment où les Flamands s'employaient à briser l'unité belge ».

Maintenant une question se pose. Les Wallons vont-ils continuer à se laisser ignorer ? Ils vivaient déjà si peu dans la mémoire des hommes, les événements ont si longtemps conspiré à leur effacement, que des voyageurs illustres, de passage chez eux, les ont pris pour des Flamands, sur la foi de vagues et lointaines généralisations bourguignonnes. Walter Scott n'a-t-il pas fait parler le thiois aux habitants de Liége ? Victor Hugo n'a-t-il pas placé Namur en Flandre ?

Depuis que le Chancelier de l'Empire allemand a déclaré au Reichstag que l'Allemagne appuyerait les vues particulières des Flamands à la conclusion de la paix, depuis la visite à Berlin du Conseil de Flandre, depuis que les groupes activistes en territoire occupé ont désolidarisé leur cause de celle de la Belgique et réclamé l'érection de la Flandre en un Etat autonome et indépendant, surtout depuis qu'autour du gouvernement belge on semble convaincu que des accroissements de territoires zélandais, limbourgeois, rhénans ou luxembourgeois sont indispensables à l'existence et à la sûreté de la Belgique future, il n'est plus possible de soutenir sérieusement que la question wallonne est de stricte compétence intérieure. La politique annexionniste, préconisée par de nombreux tenants du gouvernement du Havre, vise à incorporer à l'association belge de nouveaux éléments bas-germains qui, venant s'ajouter aux masses flamandes déjà actuellement en majorité, ne pourrait qu'accentuer davantage le déséquilibre de la Belgique, si tant est qu'on veuille lui maintenir la forme d'un pays centralisé. Ce serait, en réalité, la Wallonie qui, dans cette éventualité, serait annexée à un Etat sud-germain, et la situation des Latins de Belgique deviendrait celle des Irlandais et des

Polonais de l'avant-guerre. La séparation et l'autonomie régionale sont, en présence d'un si menaçant avenir, leur unique sauvegarde. Les Wallons en font donc l'objet d'une question préjudicielle qui doit être résolue avant celle des annexions elle-même.

Le pis qui pourrait leur arriver, c'est que, lors des prochains règlements d'où doit sortir le nouvel ordre européen, le débat se circonscrivit entre le principe d'une Flandre autonome et indépendante, et celui d'une Belgique centralisée, auquel cas il ne resterait aux Wallons, séparatistes de la première heure, qu'à subir une fois de plus des combinaisons et des arrangements où nul ne se serait soucié d'eux ni de leurs intérêts. Sans ports et sans côtes, vivant des richesses de son sous-sol et de son industrie transformatrice, la Wallonie ne se trouve pas, comme la Flandre, dans des conditions économiques et géographiques qui lui permettent de se constituer en État indépendant. Livrée à elle-même, elle n'aurait d'autre ressource que de se jeter dans les bras de sa grande sœur voisine, la France, et de partager enfin le sort que les Flamands de Flandre gallicane et les Wallons de Valenciennes et d'Avesnes connaissent depuis trois siècles sans qu'ils s'en soient jamais plaints. Si donc — et ce sera notre conclusion — on veut que, sur les cartes de l'Europe occidentale, on trouve encore à l'avenir un royaume de Belgique, il ne reste qu'à accorder aux Wallons la séparation administrative qu'ils demandent depuis tant d'années. C'est désormais, pour la Belgique, une question d'être ou de ne pas être.

FIN.

TABLE DES MATIÈRES

Ouvrages de Fr. Foulon
d'Histoire et de Politique

L'École libérale et les tendances démocratiques
1893

La Contre-Révolution en Belgique,
Tournai, Rumbaut, 1904.

Jemmapes au point de vue belge.
Bruxelles, Lamberty, 1909.

Études d'Histoire Politique.

I. *Le Cléricalisme et la Belgique.*
Bruxelles, Féron, 1910.

II. *L'Enseignement Public en Belgique.*
Bruxelles, Féron, 1910.

Notes Littéraires. (Zola, Barrès, Rosny, Brunetière, etc.)
Charleroi, Hallet, 1911.

France et Belgique.
Bruxelles, Féron, 1913.

La Question des Langues en Belgique.
Bruxelles, Féron, 1914.

SOUS PRESSE

La Wallonie et son Histoire

EN PRÉPARATION

La Belgique d'Hier.

9 782019 953102